与天使对话

0~10个月 胎教手册

主 编 周会菊

江西科学技术出版社

图书在版编目（CIP）数据

与天使对话：0~10个月胎教手册/周会菊主编. -- 南昌：江西科学技术出版社，2014.11（2024.8重印）

ISBN 978-7-5390-5141-3

Ⅰ.①与… Ⅱ.①周… Ⅲ.①胎教—手册 Ⅳ.①G61-62

中国版本图书馆CIP数据核字（2014）第254073号

与天使对话：0~10个月胎教手册
YU TIANSHI DUIHUA：0~10 GE YUE TAIJIAO SHOUCE

周会菊　主编

出版发行	江西科学技术出版社
社址	南昌市蓼洲街2号附1号
	邮编：330009　电话：（0791）86623491　86639342（传真）
印刷	三河市宏顺兴印刷有限公司
经销	各地新华书店
开本	787mm×1092mm　1/16
字数	220千字
印张	12
版次	2014年12月第1版
印次	2024年8月第3次印刷
书号	ISBN 978-7-5390-5141-3
定价	49.00元

国际互联网（Internet）地址：http://www.jxkjcbs.com
选题序号：ZK2014372　　赣版权登字：-03-2014-326
责任编辑：宋涛　　装帧设计：春浅浅

版权所有　侵权必究

（赣科版图书凡属印装错误，可向承印厂调换）

Contents 目录

Part 1 宝宝第一步,从胎教开始

认识胎教
- 010 什么是胎教
- 010 胎教包括哪些方面
- 011 胎教真的有用吗

10年教育不如10月胎教
- 012 好的胎教让孩子真正赢在起跑线上
- 013 胎教让孩子更快发掘天赋
- 014 胎教让孩子更健康

完美胎教不唱独角戏
- 015 准爸爸是胎教中不可或缺的主角
- 017 家庭和谐也很重要
- 017 与同事分享你怀孕的喜悦

胎教的方法
- 018 情绪胎教:母亲的喜怒影响胎宝宝的性格
- 019 语言胎教:为提高后天学习能力打好基础
- 020 运动胎教:让胎宝宝拥有健康好体质
- 020 准爸爸胎教:准爸爸是母子关系的支柱
- 021 意念胎教:放飞充满爱的想象
- 022 营养胎教:为宝宝健康奠定基础

Part 2 第一个月:感觉大脑在成长

准妈妈和胎宝宝的变化
- 024 准妈妈
- 025 胎宝宝
- 025 给爸爸妈妈的信

情绪胎教
- 026 胎教是一种态度
- 026 写胎教日记,记录生活点滴
- 027 别把孕育当作压力

语言胎教
- 028 讲故事:《小熊的请帖》
- 029 品诗歌:《金色花》

运动胎教
- 030 孕早期坐的练习和脚部运动
- 031 散步是最简单有效的运动胎教

准爸爸胎教
- 032 创造舒适、温馨的居室环境

033 选择合适的卧具与寝具

意念胎教
034 消除紧张情绪的自律训练
035 在房间里贴漂亮宝宝的照片

营养胎教
036 保证营养均衡
037 每日应补充0.4毫克叶酸
037 孕期健康喝水很重要
038 孕期食谱

Part 3 第二个月：妈妈来听我心脏的跳动

准妈妈和胎宝宝的变化
040 准妈妈
041 胎宝宝
041 给爸爸妈妈的信

情绪胎教
042 调控情绪，自我减压
043 学会营造一种愉悦的心境

语言胎教
044 品读散文诗：《仙人世界》
045 讲故事：《小马过河》

运动胎教
046 一般家务的必要性
047 孕期瑜伽

准爸爸胎教
048 准爸爸应给准妈妈多一点帮助
049 准爸爸和胎宝宝的悄悄话
049 准爸爸和准妈妈一起写胎教日记

意念胎教
050 冥想有助于心境平和
051 制作一张爱的小卡片

营养胎教
052 准妈妈孕吐时怎么吃
052 准妈妈最宜食用有机农产品
053 孕期食谱

Part 4 第三个月：我是初初长成的小天使

准妈妈和胎宝宝的变化
056 准妈妈
056 胎宝宝
057 给爸爸妈妈的信

情绪胎教
058 情商胎教重于智商胎教
059 幽默感能让人更快乐

语言胎教
060 讲故事：《白雪公主》
061 讲故事：《卖火柴的小女孩》

运动胎教
062 多做有助于排毒的按摩

063　锻炼肌肉群

准爸爸胎教
064　准爸爸陪准妈妈做第一次产检
065　准爸爸陪准妈妈跳舞

意念胎教
066　给胎宝宝传递安全的记忆信息

067　胎教不宜急于求成

营养胎教
068　准妈妈应重点补充镁和维生素A
068　适量多吃熟透的香蕉可以改善便秘
069　食用坚果可以促进胎宝宝的大脑发育
070　孕期食谱

Part 5　第四个月：妈妈快来和我一起玩儿

准妈妈和胎宝宝的变化
072　准妈妈
073　胎宝宝
073　给爸爸妈妈的信

情绪胎教
074　体会做妈妈的幸福
075　做最美准妈妈

语言胎教
076　讲故事：《找朋友》
077　美文欣赏：《你是人间四月天》

运动胎教
078　准妈妈游泳可减轻孕期不适

079　缓解妊娠不适的拉伸运动

准爸爸胎教
080　准爸爸的生活习性胎教
081　准爸爸的四月胎教时间规划

意念胎教
082　拍大肚照
083　准妈妈的"心灵操"

营养胎教
084　为胎宝宝的发育提供能量
084　合理选择"零食"
085　孕期食谱

Part 6　第五个月：我们需要更多的互动

准妈妈和胎宝宝的变化
088　准妈妈
088　胎宝宝
089　给爸爸妈妈的信

情绪胎教
090　收拾好心情
090　多去户外走走吧
091　给胎宝宝一个安静的环境

语言胎教
092　讲故事：《小蝌蚪找妈妈》
093　品诗歌：《雪花的快乐》

运动胎教
094　五月妈妈的腿部运动
095　五月妈妈的背部运动
095　五月妈妈的肩部运动

准爸爸胎教
096　给胎宝宝取个小名吧
096　和宝宝一起"玩游戏"

097　跟妈妈一起做运动

意念胎教
098　画出孩子的脸
098　让胎宝宝知道你无限的爱意
099　让宝宝也听听外面世界的声音

营养胎教
100　胎儿补脑是关键
100　准妈妈补铁很重要
101　孕期食谱

Part 7　第六个月：快说快说，说你爱我

准妈妈和胎宝宝的变化
104　准妈妈
105　胎宝宝
105　给爸爸妈妈的信

情绪胎教
106　读一本好书
106　森林浴
107　微笑的妈妈最美丽

语言胎教
108　讲故事：《龟兔赛跑》
109　品散文：《绿》

运动胎教
110　盆骨底肌肉锻炼

111　健美胸部按摩法
111　缓解便秘运动法

准爸爸胎教
112　数一数宝宝的胎动
113　准爸爸的抚摸胎教

意念胎教
114　梦见宝宝
115　自我催眠

营养胎教
116　减少准妈妈食物中的盐分
116　补充钙质，促进胎宝宝筋骨的发育
117　多吃新鲜蔬果
118　孕期食谱

Part 8 第七个月：告诉我，外面的世界有多美

准妈妈和胎宝宝的变化
- 122 准妈妈
- 123 胎宝宝
- 123 给爸爸妈妈的信

情绪胎教
- 124 哼唱喜爱的抒情歌曲
- 125 插花——高雅的心灵启示录

语言胎教
- 126 讲故事：《小黄莺唱歌》
- 127 讲故事：《风娃娃的故事》

运动胎教
- 128 准妈妈呼吸操
- 129 简单伸展运动

准爸爸胎教
- 130 准爸爸当好妈咪的营养师
- 131 妈咪最贴心的保健监护师
- 131 准爸爸要耐得住寂寞

意念胎教
- 132 想象胎宝宝的形象
- 133 想象春天带着宝贝去踏青

营养胎教
- 134 怀孕七月着重补充"脑黄金"
- 134 富含DHA的食物
- 135 孕期食谱

Part 9 第八个月：妈妈，你要做好准备迎接我

准妈妈和胎宝宝的变化
- 140 准妈妈
- 141 胎宝宝
- 141 给爸爸妈妈的信

情绪胎教
- 142 心理课本帮助排除负面想法
- 143 向爸妈撒娇，分享怀孕二三事

语言胎教
- 144 美文阅读：《江行的晨暮》
- 145 讲故事：《铁杵磨成针》

运动胎教
- 146 孕八月哑铃健身运动
- 147 辅助三角式缓解腰部疼痛

准爸爸胎教
- 148 向胎宝宝描述自己的工作
- 149 给准妈妈进行背腰部按摩

意念胎教
- 150 科学叹气排出心情毒素
- 151 想象宝宝未来成为音乐家

营养胎教
- 152 增加利尿食物的摄入
- 153 孕期食谱

Part 10 第九个月：非常喜欢这样陪着我的时间

准妈妈和胎宝宝的变化
158 准妈妈
159 胎宝宝
159 给爸爸妈妈的信

情绪胎教
160 登高远望，让心情自由翱翔
161 下棋，转移注意力

语言胎教
162 讲故事：《勇敢的小刺猬》
163 讲故事：《嫦娥奔月》

运动胎教
164 锻炼腿部运动

165 准妈妈手指操

准爸爸胎教
166 和胎宝宝一道欣赏盆景艺术
167 给妻子讲笑话

意念胎教
168 想象绽开的花朵
169 摇一摇胎宝宝

营养胎教
170 孕九月防止便秘
170 海洋食品为准妈妈助产
171 孕期食谱

Part 11 第十个月：妈妈和我站好最后一班岗

准妈妈和胎宝宝的变化
176 准妈妈
176 胎宝宝
177 给爸爸妈妈的信

情绪胎教
178 心理暗示缓解紧张心情
179 看小品让心情放松

语言胎教
180 讲故事：《小熊过桥》
181 讲故事：《聪明的小鸭子》

运动胎教
182 助产运动盘腿坐

182 分娩辅助性动作练习

准爸爸胎教
184 准备好待产包
185 做好随时入院的准备

意念胎教
186 想象宝宝是个小天才
187 分娩过程预想

营养胎教
188 补充维生素B_1
188 维生素B_1含量丰富的食材
189 孕期食谱

Part 1

宝宝第一步，从胎教开始

有人说刚出生的宝宝是一张白纸，其实做好胎教的宝宝，他们早已开始在自己的白纸上绘画了，所以可千万不要以为胎宝宝是深居简"宫"的孤僻家伙哦。

在胎儿时期，宝宝的大脑、神经、肢体等都在慢慢地发育，这个过程是十分关键的，所以在胎儿时期应该开始系统而科学的胎教。本章帮大家揭开胎教的神秘面纱，让我们了解胎教能给宝宝带来哪些好处以及如何才能做好胎教。

认识胎教

胎教主要指准妈妈为了胎儿的健康发育,通过调控自我身心健康,为胎儿提供一个很好的内外生长环境,并通过适当地刺激,促进胎儿的健康发育的科学方法。

什么是胎教

说到胎教,很多人第一反应就是跟腹中宝宝说说话、给他或她听听音乐或是大人要保持愉悦的心情、多接触美好的事物等等。但科学的胎教远不只这些。

胎教,顾名思义就是胎与教的结合,是通过外界环境、母亲的精神状态等多方面的因素来促进胎儿身体和智力的发育。例如,胎儿依靠胎盘从母亲的血液中获得营养和氧气,母亲血液里激素水平及其他物质的变化,也势必会影响到胎儿的生理活动。所以,胎教可不简单呢!

胎教包括哪些方面

胎教是集优生、优育、优教于一身的学问,主要包括优境养胎、优良教育这两个方面。

❀ 优境养胎

即为胎儿创造一个优良的生活环境,使胎儿受到更好的调教。胎儿生活的环境包括内环境和外环境。内环境包括母亲的内脏器官、内分泌、营养状况、精神状况、意识活动、自身修养等,内环境直接作用于胎儿。外环境是指除母体以外的能对母体产生影响,并且引起胎儿内环境变化的自然或社会环境。外界环境通过准妈妈的感官刺激及大脑的思维活动,间接地对胎儿发生作用,而影响到胎儿的成长。所以,准妈妈应该尽量接触积极、乐观的事物,给胎儿神经发育和性格的形成带来有利的影响。

🍒 优良教育

即刻意地对胎儿进行教育，以促进胎儿智力的发育。胎教分为直接教育和间接教育。直接教育是指通过给胎儿听音乐、讲故事等方式，使其受到良好的影响；间接教育是指孕妈妈通过做孕期保健操等方式，使胎儿一起得到锻炼。

胎教真的有用吗

很多人质疑，胎儿在母亲腹中是一个慢慢生长发育的过程，在此期间对孩子兴趣爱好的培养以及教育真的有用吗？很多父母根本就不注重胎教，但是他们依然能生出聪明乖巧的孩子，所以胎教有必要吗？

父母都想要有一个聪明、健康、活泼的孩子，伴随着科学的研究和深入，胎教作为一门新的学问，受到越来越多人的关注。科学研究表明，从受孕后20天开始，胚胎中就已经有大脑原基存在，而整个孕期都是胎宝宝大脑发育的关键时期，由此可见，对胎儿进行系统而科学的胎教是十分有必要的。

就长期累积的胎教经验而言，我们会发现，胎教有着不可忽视的意义。对于那些不懂胎教的家庭，其孩子有杰出表现，父母肯定有自己独到的地方，在不经意间给孩子带来有利的影响。而这种种经验的总结，对没有经验的准爸妈来说具有十分重要的意义。

现代人情绪容易不稳定、生长发育水平不同、思维方式各异、智商有高有低等等，其中很多问题，或多或少都与胎教是否得当有关。研究表明，这些问题的发生与胎儿父母和家庭其他成员的人格、智力、生活起居方式和对胎儿的关爱等方面有一定关系。

10年教育不如10月胎教

虽然现在胎教很流行，但是仍然有很多人还在质疑胎教的可行性。而你们将在下面得到有力的答案。所以，为了宝宝的幸福，准爸妈们赶紧开始准备胎教吧。

好的胎教让孩子真正赢在起跑线上

现在的家长总是为孩子报很多学习班或者兴趣爱好班，希望他们能够变得优秀，能成功赢在所谓的起跑线上。殊不知，真正的起跑线是从胎儿期开始的。

美国有一对智商平平的夫妻，培养出4个天才儿童，智商都在160以上。这主要得益于母亲的胎教法，因此他们所采用的胎教方法一时之间成为人们热议的话题，其胎教法被称为斯瑟蒂克胎教法。斯瑟蒂克在整个妊娠过程中将自己听到的、看到的、想到的事物通过声音、身体的变化以及心理状态传达给胎宝宝，接受这一切的宝宝在出生之后就存在着某种超常素质，这或许是天才诞生于平凡家庭的秘密。

所以，相比出生后的10年教育，10个月的胎教是更加重要的。很多父母都相信通过有效的胎教可以生出聪明又健康的宝宝，并把它当作胎教的核心进行胎教。而各种研究成果也说明了这样的事情是有理论根据的。人们一直认为"人类的智力有80%是受到遗传因素的影响"，但是研究表明，通过长期的观察和实验证明"人类智力只有48%是受到遗传因素的影响，52%与宫内的环境有关"。

同时，受过胎教的宝宝学发音较早，婴儿在2个月时会发几个元音，4个月时会发几

个辅音，5~6个月发出的声音就可以表达一定的意思；受过胎教的宝宝运动能力发展很好，他们抬头、翻身、坐、爬、站、走都比较早，而且动作敏捷、协调；受过胎教的宝宝能较早与人交往，婴儿能在出生后的2~3天就通过小嘴的张合与大人进行"对话"，而到了20天左右就会被逗笑了，到了2个多月的时候宝宝就能认识父母，3个多月的时候甚至已经能听懂自己的名字了。

所以，与其让孩子在出生之后努力接受智力开发、英才教育等，还不如从腹中的10个月开始给孩子一个好的胎教，让他们真正赢在起跑线上。

胎教让孩子更快发掘天赋

很多人发现，孕期的时候如果经常给胎宝宝听音乐，那么出生之后宝宝的乐感就很好，一听见音乐就会非常高兴，还会随韵律和节奏扭动身体，容易萌生出对音乐的浓厚兴趣。所以，胎教的确能让孩子更快发掘自己的天赋与潜能。

随着胎龄的增加，宝宝开始慢慢接收到来自妈妈肚子外面的信息，能逐渐听到美妙的音乐，能懂懂了解爸爸妈妈对自己说的话等等，这一切都让宝宝闲不下来，从子宫内就开始好学起来。

所以，在怀孕期间，准爸妈就要悉心与胎宝宝交流，准备一些自己喜欢的音乐，阅读一些优美的散文，用讲解的方式让胎宝宝"看"到物品，让它慢慢认识这个即将到来的世界。

兴趣爱好真正的启蒙是从胎儿时期开始的，等到胎宝宝听力中枢发育完全，他或她对外界的事物开始慢慢熟悉，表现在出生之后能很快地适应，并延续在母体内的习惯，能很快表现出自己的天赋，辨识自己喜欢做的事情。

对孩子天赋的挖掘，其实并不需要漫长岁月的尝试，从胎儿时期开始，给孩子一个好的引导，十分有利于尽快发现其兴趣爱好。

胎教让孩子更健康

英国著名生物医学博士诺塔尼茨指出肥胖症、糖尿病、癌症、心脏病等各种疾病，都与胎儿时期在子宫内的环境有密切联系。胎教不仅是决定孩子在出生时的健康状况，对孩子一生的健康体质都有重要影响。可见，10年教育给予的智慧和好习惯，远不如出生时的好体质来得更重要。

据调查研究表明，一个身心健康的孩子，位居父母对孩子期望的首位。虽然聪明是很重要的，但是健康是人一生的财富，没有比这更重要的了。胎儿时期确实是承载着人一生健康的关键。

经过胎教的孩子明显较未经过胎教的孩子精力充足、开朗活泼、身体健康、生长迅速。一般新生儿出生后3～5天内会出现体重下降3%～9%的现象，经过胎教的孩子则不会出现体重下降的现象。

受过胎教的宝宝心理行为健康。这些宝宝一般情绪比较稳定，非常活泼可爱，夜里很少哭闹。爸爸妈妈也会觉得宝宝好带，与整天笑呵呵的宝宝在一起，家人也会发现无限乐趣。并且长大以后，他们多能够讲文明、懂礼貌、谦让、尊重别人，对人有爱心，对事物有热心，具有积极的生活态度。此外，这样的孩子有较强的正义感，心胸宽广，极少任性。

同时，受过胎教的宝宝精细运动能力也发展良好，手的抓、握、拿、取、拍、打、摇、对击、捏、扣、穿、套等能力强，更加有运动的天赋，有利于身体的健康。长大之后，他们大多身体发育更加完善，相比那些没有接受过胎教的宝宝身体素质更好。

孩子的健康从胎儿期开始就要好好地照顾，并通过适当的胎教予以体质上的提高，只有健康的体魄才足以承载更多父母对孩子的期待。

完美胎教不唱独角戏

宝宝出生不是孕妈妈一个人喜悦，所以胎教当然不应该只是孕妈妈一个人的责任。准爸爸及整个家庭都是宝宝胎教过程中不可或缺的主角。

准爸爸是胎教中不可或缺的主角

孩子是父母爱情的结晶，也是家庭幸福美满的象征，因为孩子，大家紧密地联系在一起，孩子的教育培养理所当然地成了两个人共同的责任。所以，不仅是母亲，准爸爸也是胎教中不可或缺的主角。

其实，从备孕期开始，准爸爸就已经承担了胎教中的重要角色了。准爸妈选择最佳状态参与创造新生命，随后在营造胎教氛围、创造良好胎教环境中也起着关键性的作用。现如今，有越来越多的准爸爸意识到胎教的重要性，并踊跃地同准妈妈一起参与到其中来，共同分享着胎教的乐趣。

那么准爸爸这个"主角"都应该做些什么呢？

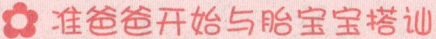

🌸 准爸爸开始与胎宝宝搭讪

在准妈妈怀孕期间，准爸爸的搭讪式胎教是很重要的。在妊娠末期，孩子的听觉和触觉都已经比较发达，准爸爸可以贴近妻子的腹部，边抚摸边开始与孩子的对话，如"宝贝，我是爸爸，今天带你去公园玩儿哦！"

久而久之，胎儿就会慢慢熟悉爸爸的声音，在获得母爱的同时也感受到了父爱的存在。同时，因为男性特有的低沉、宽厚的嗓音更适合胎儿的听觉功能，从而获得胎儿的喜爱，所以可能每当爸爸的声音出现时，胎儿都会积极地作出反应，让父亲感受到彼此之间情感的升华，给彼此都带来极大的安慰和鼓舞。

让妻子心情愉悦

在妻子怀孕之后，丈夫要时刻注意控制自己的情绪，尽量保持情绪的稳定，即使受到委屈也不能在妻子面前爆发。当妻子心情不好时要予以安慰，并经常陪同她去外面散散步，看看山水风光，听听轻松音乐，以保持妻子愉快而稳定的情绪。还可不时为妻子制造浪漫，让她时刻感受家庭的幸福感。不要让妻子看一些恐怖、惊悚、悲伤的影视，要做到愉悦相处，胎教第一。

保证妻子的饮食营养

丈夫应该关注怀孕后妻子口味上的变化，及时为其提供营养丰富的美味，同时确保各种营养素的均衡摄入。可多食用新鲜蔬果、鸡蛋、牛奶、鱼肉、瘦肉、核桃及五谷杂粮等。当妻子没有胃口时，可采用少食多餐的策略，尽量保证母婴双方的营养供给。

丰富妻子的业余生活

妻子在怀孕之后，满脑子都是怎么做对宝宝最好。其实，准妈妈在孕期适当丰富自己的业余生活，可以锻炼胎宝宝，有利于胎儿的发育。丈夫可以陪伴妻子观看一些艺术表演或戏剧影片，也可让妻子多与朋友交流，抒发自己内心的情感，有助于内外环境的稳定；可鼓励妻子与胎宝宝一起学习，多看一些儿童读物、儿童漫画等。

准爸爸要主动承担家务

妻子怀孕之后，丈夫应该主动多承担一些家务，以减少妻子对日常家务琐事的操劳，使她有更多精力来做好胎教。同时还应该搞好家庭清洁卫生，保持室内的空气清新。准爸爸还应该戒烟忌酒，防止烟酒对胎儿的影响。

准爸爸的积极参与无疑会让胎教的氛围积极又温馨，不仅可以舒缓孕妈妈在怀孕期间的各种小情绪，对胎宝宝的健康也是有很多好处的。

家庭和谐也很重要

在胎教的过程中，家庭关系是很重要的环节。比如说婆媳关系就是一件很令人头疼的事，但是为了孩子的健康诞生，家人应该给予准妈妈更多的关怀和照顾。

首先，应该尽量减少准妈妈的体力劳动，同时话语上要轻柔，不给孕妈妈造成心理和精神上的负担。其次，通过家庭和谐氛围的感染，相信宝宝也能感受到整个家庭的温暖，会变得更加活泼、可爱。

想要生出健康、聪明的宝宝，当然不是孕妈妈一个人的事情，整个家庭都应该为之付出努力。每一个家庭成员都是胎宝宝生活的外环境，其言行举止也在无形之中影响着胎宝宝。

同时，千万不能有重男轻女的思想，一旦让宝宝"察觉"，可能会让宝宝"抑郁"，变得不再活泼、好动。要经常想到宝宝出生的喜悦，让家人都应该注意自己的言行举止，心系这个小生命的健康与幸福。

与同事分享你怀孕的喜悦

现在职业女性越来越多了，也就会有很多女性面临着怀孕之后，还要继续工作的情况。所以不妨与你的同事分享这份怀孕的喜悦，拜托同事在日常工作中多照顾你。虽然有些难为情，但是为了胎儿的健康，还是要大胆一些。

一些有经验的同事可能会传授你一些怀孕的经验，送你几件宝宝穿的衣物，给你安排轻松的工作，让你在上班期间轻松快乐。工作之中，有了同事的帮助和上级的关怀，相信能减少很多不必要的烦恼。

胎教的方法

真正的胎教并不是一成不变的,需要根据不同时期胎宝宝的情况,选择合适的胎教方式,才更利于胎宝宝健康和智力的发展。准爸妈们,赶紧来学习下面的胎教方法吧。

情绪胎教:母亲的喜怒影响胎宝宝的性格

情绪胎教是指通过准妈妈的情绪调节,忘却烦恼和不愉快,保持轻松和谐的氛围,并通过母亲的神经体质作用,促使胎儿的大脑得到良好的发育。

情绪胎教是保障孕期母子心理健康的重要方法,决定着母子关系的和谐与否以及孩子后天心理素质及心理健康。也是直接影响家庭关系,保障孕期健康顺利的主观因素。它突出的特点是以母亲修养的不断提高,孕期生活品位增加,由女人向母亲角色转变过程中的内心品质提升,达到影响胎儿的目的。对胎儿的情绪、性格、健康、心理起着至关重要的作用;母亲的行为决定着孩子的未来。

那准爸妈怎样才能做好情绪胎教呢?

准妈妈要时刻保持愉快的心情,要心胸宽广,可多畅想孩子的美好未来。平时多听听优美的音乐,阅读一些儿童相关书籍,保持一份开朗、恬静的心情。

饮食起居有规律,进行适当的功能锻炼,保证足够的休息,衣着打扮舒适,做一切有利于胎儿和自身健康的事情。生活环境美好,让人赏心悦目,阳台上可多种一些花卉盆栽,室内可以挂一些风景油画等。

准妈妈的情绪在胎教中意义重大。所以，准妈妈应该提前了解怀孕过程中会出现的生理及心理变化，提前做好准备，以让自己保持平稳、安静的心态。

语言胎教：为提高后天学习能力打好基础

语言胎教，即孕妈妈或家人用语言，有目的地对子宫中的胎儿讲话，给胎儿期的大脑新皮质输入最初的语言印记，为后天的学习打下基础。而事实证明，父母经常与胎宝宝对话，能促进其出生以后语言能力的发展，可为宝宝后天学习打好基础。

语言胎教时一定要体现形象性和形象美，只有形象、声音、情感三者统一在一起，才能形象生动，母亲才能感到语言胎教的有趣和快乐，胎儿才能感觉到美好的信息，胎宝宝的心灵才能留下美好的痕迹。

那准爸妈在进行语言胎教时，具体有哪些方面的要求呢？

❀ 语言讲解视觉化

例如在进行语言胎教时，不能只对胎宝宝念画册上的文字解释，而要把每一页的画面细细地讲给胎宝宝听，将画的内容视觉化。胎宝宝虽然不能看到画册上画的形象或外界事物的形象，但准妈妈用眼看到的东西，胎宝宝可以用脑"看"到，即感受到。准妈妈看东西时受到的视觉刺激，通过生动的语言描述就视觉化了，胎宝宝也就能感受到了。

❀ 形象与声音结合

跟胎宝宝说话时，先在头脑中把所讲的内容形象化，然后用动听的声音将头脑中的画面讲给胎儿听。这就是"画的语言"，这样你就和胎宝宝一起进入你讲述的世界。你所要表述的内容，也就通过形象和声音输入胎宝宝的头脑里。

运动胎教：让胎宝宝拥有健康好体质

运动胎教是指准妈妈适时地进行体育锻炼并帮助胎宝宝活动，以促进胎儿大脑及肌肉的健康发育。与此同时，准妈妈通过运动能促进体内的新陈代谢，能增强心脏功能、锻炼肌肉，使自己能够更健康。

适度的运动，不管是对准妈妈还是胎宝宝都有很多好处，那在运动胎教的过程中准妈妈要注意些什么呢？

❀ 选择适合自己的运动

在怀孕期间可进行一些比较舒缓的运动，如散步、爬楼梯、瑜伽等，不适宜做激烈的运动，以免引发流产。

❀ 选择合适的运动时间和地点

选好运动地点是关键，一般宜选择空气新鲜、环境优美的公园或者绿化地带。时间以早上和下午饭后为宜，运动时间不宜过长。

❀ 运动之前先热身

运动之前可先做一下热身活动，避免出现手脚抽筋等意外。

准爸爸胎教：准爸爸是母子关系的支柱

宝贝是爸爸和妈妈爱情的结晶，所以胎宝宝的教育当然离不开爸爸了。准爸爸积极地参与到胎教中来，不仅可以缓解准妈妈的辛苦，还能让孩子提前感受到父爱。那准爸爸的胎教主要包括哪些呢？

❀ 注重与胎宝宝的交流

随着孕周的增加，胎宝宝的听觉和感触都在逐渐增强。所以准爸爸可以时常抚摸妻子的肚皮，感受胎宝宝的变化，并经常跟胎宝宝说话，让他熟悉父亲的声音，感受浓烈的父爱。

🍀 和准妈妈一起做胎教运动

很多准妈妈在孕育宝宝期间，总是容易产生很多烦恼，如果有了准爸爸的参与，相信一切都会有趣很多。准爸爸和准妈妈一起做胎教运动的话，一方面可以增加彼此的感情，另一方面能让准爸爸体验怀孕的辛苦，多体谅妻子。

🍃 定期陪准妈妈去医院做检查

通过超声检查，与准妈妈一起观察胎动，倾听心脏的搏动声，共同分享怀孕的喜悦，从心底里感受即将出生的婴儿。并通过检查了解胎宝宝和准妈妈的身体状况，便于及时做出在营养、运动以及心理上的改善。

🍀 做好家庭监护

准爸爸的家庭监护主要包括：做好准妈妈的营养、情绪监护；做好胎宝宝的胎心、胎动以及宫底等保健监护。准爸爸在妊娠期的家庭监护关系到准妈妈是否能顺利度过妊娠期，以及胎宝宝是否能健康、顺利地成长，所以准爸爸的家庭监护是十分重要的。

意念胎教：放飞充满爱的想象

有研究表明，准妈妈如果经常想象胎宝宝的样子，那么未来宝宝的相貌就会和妈妈想象中的样子比较像。因为准妈妈与胎宝宝有心理和生理上的联系，准妈妈的想象通过意念构成胎教的重要部分，并转化、渗透到胎宝宝的身心之中。

好的意念胎教，可以让孩子感受到家人深深的爱，提前感知到这个世界的美好。那准爸妈该怎样做好意念胎教呢？

❀ 对胎宝宝充满爱心

爱在意念胎教中起着极其重要的作用。它是加速开发宝宝智力的催化剂，准爸妈要经常对宝宝表达自己的爱，在爱的环境里宝宝才会更有安全感，更开心活跃。

🍀 对意念胎教有耐心

很多准妈妈都是抱着一时兴起的想法给胎宝宝做胎教，特别是通过意念来传达的。因为付出不能马上得到回报，所以准妈妈和准爸爸就慢慢开始放弃。这是一种很消极的表现，在进行胎教的过程中，应该将其当作与孩子必需的交流。

夫妻感情和谐，意识健康

如果夫妻感情交融、意识健全，就能熏陶宝宝潜在的意识。如果准爸爸妈妈常闹别扭，宝宝也不愉快，不再像往常那样活跃。

营养胎教：为宝宝健康奠定基础

营养胎教是指根据妊娠早、中、晚三期胎儿发育的特点，合理指导孕妈妈摄取食品中的人体必需的营养素，即蛋白质、脂肪、碳水化合物、矿物质、维生素、水、纤维素，以食补食疗的方法来防止孕期特有的疾病。

营养胎教不仅对准妈妈有好处，对胎儿也有极大的影响。所以准爸妈一定要学会做好营养胎教。

培养良好的饮食习惯

母亲的不良饮食习惯对胎儿的影响很大，所以为了以后少为宝宝的饮食问题操心，应该培养自己良好的饮食习惯。

要做到规律饮食

规律饮食，即三餐定时、定量，进食的过程要稳慢，心情要愉快。三餐都不宜被忽略或合并。尤其是早餐，而且分量要足够，每餐各占一天所需热量的1/3，或呈倒金字塔型——早餐丰富、午餐适中、晚餐量少。吃饭的时候最好固定在一个气氛和谐温馨的地点，且尽量不被外界干扰而影响或打断用餐。

营养要均衡而多变

不同的食物所含的营养素是不一样的，所以建议准妈妈饮食上多变化食物种类，每天可吃2~5种不同的食物，营养才会充足。补充营养要科学、合理，不要认为多多益善，拼命地补充营养，这样会造成孕妈妈发胖，不利于分娩。

Part 2

第一个月:感觉大脑在成长

怀孕第一个月,虽然准妈妈看起来并没有什么变化,但是小小的生命已经开始在体内孕育了。

生命自从孕育之初就具备感知能力,而且胎宝宝的脑发育已经悄无声息地开始了,大脑会先于所有器官开始发育,母体的健康、情绪、饮食等都关系着胎宝宝的生长发育,所以准爸爸和准妈妈一定要开始多多注意,努力给胎宝宝提供一个优良的母体环境和周边环境,让宝宝得以健康成长。

准妈妈和胎宝宝的变化

怀孕的第一个月，准妈妈沉浸在怀孕的喜悦当中，开始憧憬并且等待着宝宝的到来。此时，要先了解准妈妈和胎宝宝的各种变化，以便全家人能够一起为这个新生命的降临保驾护航。

准妈妈

第一个月最开始的两周，准妈妈还不能称之为真正意义上的怀孕，因为刚刚经历完上个月的月经周期，这两个星期准妈妈体内的新卵子正在成熟，为即将到来的受孕过程做好了准备。到第二周结束的时候，准妈妈的排卵期才刚开始。到了第三周开始，卵子和精子结合，受精卵进入子宫，这时候，才算是真正怀孕。第四周是受精卵进入子宫，并且完成子宫内着床的过程，当受精卵到达子宫后，准妈妈体内的激素水平已经发生变化，子宫壁变厚，而且富有弹性，这为胚胎提供了绝好的发育环境。

怀孕刚刚开始的时候，准妈妈的体重和外形上还不会产生很大的变化，和怀孕之前比并不会有较明显的区别。乳房会稍变硬，乳头颜色变深并且变得很敏感，稍微触碰就会有疼痛感。

排卵后的基础体温稍高，会持续3周以上。此时，子宫约有鸡蛋般大小，子宫壁开始变得柔软、增厚，但大小、形态上还没有什么大的变化。

由于体内激素分泌失衡，所以比较敏感的准妈妈可能会出现一系列的妊娠反应。包括出现恶心、呕吐、发热、头晕、畏寒等类似感冒的症状。

胎宝宝

最开始的1~2周，胎宝宝还不存在，只是以精子和卵子的"前体"状态存在于准爸爸和准妈妈的身体内。到了第三周，卵子和精子成功结合形成受精卵，再经过分裂，称为桑葚胚，桑葚胚变中空充满液体，成为胚泡，胚泡到达子宫内膜，子宫内膜是胎盘的雏形，最后发展成为胎盘。怀孕的第四周，是受精卵着床的关键时期，胎儿的大脑此时已经开始发育了。

第一个月，宝宝眼睛、鼻子、耳朵等都尚未形成，但是嘴巴和下巴的雏形已经可以看出来了。身体可以分为两大部分，大的部分为胎宝宝的头部，拖着长长的尾巴，像一个小小的蝌蚪。

此时手脚还太小，不能看清楚。但是脑、脊髓等神经系统，血液等循环器官的原型已经出现，而且从第三周开始，出现了心脏的原基，虽然还不具有心脏的外形，但是已经在胎儿身体内轻轻地跳动，胎盘、脐带也已经开始发育。但这时候的胎宝宝还没有胎动的迹象。

给爸爸妈妈的信

亲爱的爸爸妈妈：

生命的诞生，真是一件神奇的事情呢！很多的精子先生在经过努力之后，和卵子小姐相遇了，于是就有了我。现在，我正真真切切地存在于这个世界上，存在于我妈妈的身体里面了，你们一定很紧张又很兴奋吧！我也是呀，我是怀着幸运而又感恩的心降临到这个世界上的。

虽然妈妈的身体里面在发生着翻天覆地的变化，但是妈妈可能还没有清清楚楚感觉得到哦，但是，现在我已经感觉得到我的大脑正在成长啦。亲爱的爸爸妈妈，耐心等待吧，很快我就会来到你们的身边了！

情绪胎教

怀孕最初时,准妈妈会有紧张、兴奋、不安等情绪交织在一起,但如果经常无法平静下来,胎宝宝也会因此而受到影响。所以,在此期间,准妈妈要做好情绪胎教工作,使腹中宝宝能够在良好的身心环境下成长。

胎教是一种态度

对于孕期来说,胎教至关重要,准妈妈对于胎教的态度也对整个孕期和胎宝宝起着重要影响。

一般来说,胎教中,并没有硬性规定要教多久、教什么、怎么教最好这些方面,但是,由于准妈妈和胎宝宝之间这种互相影响的关系,使得准妈妈在孕期对待胎教的态度和胎教时的情绪都十分重要。因为,胎宝宝在妈妈的腹中能够"看到"、听到以及感觉到很多事物,而且,他还能够感受到准妈妈的感受。如果妈妈是平静、祥和的心情,宝宝也会很安稳,但如果妈妈有不安、愤怒等情绪,宝宝也会变得躁动不安。

总的来说,准妈妈在怀孕的时候,尤其从一开始的情绪胎教中,就应该养成一种积极的习惯。

写胎教日记,记录生活点滴

写胎教日记,可以成为每个准妈妈日常生活中的一部分,这是个有助于胎宝宝健康成长的良好习惯,同时也是情绪胎教的一种重要手段。

在胎教日记中,准妈妈可以记录孕期生活

中一些比较重要的事情，比如每日的胎教情况，看了什么童话书籍、听了什么音乐、看到了什么美好的人、事物等，在怀孕的第一个月，可以写一写宝宝来到这个世界，自己的感受、心情，初为人母的感情经历变化，还可以写一写有了宝宝以后，生活、家庭的变化，是否为身边的人带来了喜悦之情等等，也可以开始记录自己的体重变化、产前检查、健康状况等等。

关于胎教日记的形式可以是多种多样的，并不仅仅局限于文字，也可以用一些图画、表格的形式来表达。

胎教日记可以由准妈妈来写，也可以由准妈妈和准爸爸两个人一起写，记录生活当中的点点滴滴，记录怀孕的心路历程，更为重要的是真情实意的流露，使这本日记成为宝宝和妈妈共同成长的印记，成为往后弥足珍贵的记忆。

别把孕育当作压力

良好的受孕心理是怀孕第一个月中情绪胎教中的一个组成部分。在这之中，把孕育当成是一种压力，是一个错误的示范。

有些年轻的夫妻，缺乏怀孕的各种相关经验，对于初生宝宝的到来，不是太过紧张，就是不够重视，中间的分寸无法把握正确，这样也会对胎宝宝造成一定的不好影响。

有些夫妻，因为没有做好怀孕的准备，对于突如其来的小生命反应不过来，觉得无所适从、犹豫不决，这种情况下会对夫妻感情生活产生一定的负面作用。此外，有些夫妻有了小宝宝以后，因为工作、学习、生活等方面的影响，对于胎宝宝缺乏足够的重视，这些不正确的心理都会对胎宝宝产生消极的影响。

在怀孕之前，准妈妈和爸爸都要有足够的心理准备。通过调整好自己心理上的认知，将妊娠生活接纳为自己生活中的一部分。克服孕育中的负面情绪，保持轻松、健康、乐观的心情，接纳新生命的来临，让孕育成为生活美好的乐章。

语言胎教

经典动人的甜美童话,生动有趣的名人故事,神秘好玩的民间传说,陶冶情志的诗歌寓言,每一种语言胎教都会让宝宝有不一样的体验,学会不一样的知识,所以每天睡前,别忘了把温馨的故事讲给宝宝听哦。

讲故事:《小熊的请帖》

春天来了,小熊睡了一个冬天的懒觉之后醒来了。这么美的春天,他要举办一次宴会!于是,小熊写了好多好多的请帖,请布谷鸟散发给森林里的朋友们。

终于到了开宴会的这一天。一直在大树上东张西望的小松鼠趁机跳了下来,问小熊:"大家都来了吗?"小熊还没来得及回答,就听不远处传来一阵吵嚷——"我来了,我来了!""还有我呢!"……只见小猪、小猴子、小蜜蜂……都快快乐乐地赶来参加小熊的宴会。

可是,就在动物们举行宴会时,在远处的花、树、草等植物朋友却一点儿也不高兴,因为他们虽然也收到了小熊的请帖,却不能亲自走到岩石旁去参加宴会,这是多么让人烦恼的事啊!

栎树爷爷看到大家难过的样子,笑呵呵地说:"好了,好了,不能走、不能飞又怎么样呢?我们一样可以举办宴会!"

在森林中心的大岩石旁,动物们都聚在一起。而在他们身边更近或更远的地方,有数不尽的花啊、草啊、树啊,拥抱着温暖的阳光,亲吻着清新的空气,与白云一同起舞,与风儿一起歌唱,整个森林顿时变成了欢乐的海洋!

宝宝,妈妈想告诉你:

大海是由一滴一滴的小水珠汇聚而成的,欢乐也是由一个一个可爱的事情组成的,宝贝,人们为了欢乐而聚首,因为它可以分享,可以无限地延续下去。

品诗歌：《金色花》

假如我变成了一朵金色花，只是为了好玩儿，长在那棵树的高枝上，笑哈哈地在风中摇摆，又在新生的树叶上跳舞，妈妈，你会认识我吗？

你要是叫道："孩子，你在哪里呀？"我暗暗地在那里笑，却一声儿不响。我要悄悄地开放花瓣儿，看着你工作。

当你沐浴后，湿发披在两肩，穿过金色花的林荫，走到你做祷告的小庭院时，你会嗅到这花的香气，却不知道这香气是从我的身上来的。

当你吃过午饭，坐在窗前读《罗摩衍那》，那棵树的阴影落在你的头发与膝上时，我便要投我的小小的影子在你的书页上，正投在你所读的地方。

但是你会猜得出这就是你的小孩子的小影子吗？

当你黄昏时拿了灯到牛棚里去，我便要突然地再落到地上来，又成了你的孩子，求你讲个故事给我听。

"你到哪里去了，你这坏孩子？"

"我不告诉你，妈妈。"这就是你同我那时所要说的话了。

宝宝，妈妈想告诉你：

这首诗是印度著名诗人泰戈尔写的。它告诉我们，天真可爱的孩子有着花一般的外表，调皮但又无邪。妈妈对宝宝的爱，都是伟大无私的，宝宝对母亲的爱和回报，也是在时刻进行着的。

运动胎教

生命的健康在于运动，准妈妈在怀孕的时候，一个人负荷着两个人的生命，因此，运动的意义格外重要。但是要坚持安全、适度的运动，才能够帮助准妈妈更好地适应怀孕和顺利生产。

孕早期坐的练习和脚部运动

刚开始怀孕的时候，准妈妈由于没有经验，在走和坐方面都有一些不适应，第一个月的时候还好，但是面对以后凸出的肚子可能会有更多的不便，提早练习坐和脚部运动，对于整个孕期都有重要作用。

❀ 坐的练习

坐的练习可以减轻上半身对盆腔的压力，随着宝宝的发育成长，体重增加，盆腔的压力会有所增加，准妈妈早早做好坐的练习，正确地学会"坐"，可以为以后做好充足的准备。

坐之前，最好选择一把带有靠背的椅子，再将两脚并拢，把左脚向后挪一点，然后轻轻地坐在椅子的中部。坐稳之后，再向后挪动臀部把后背靠在椅子上，深呼吸，使脊椎得到放松。

❀ 脚部练习

脚部的练习和运动可以帮助锻炼脚部肌肉的张力和弹性，使关节、韧带松弛柔软，准妈妈进行脚部练习有助于减轻脚部的负担，为怀孕后期减轻烦恼。

准妈妈坐在床边，左右摇摆、转动脚腕10次左右，前后活动脚腕，充分伸展、收缩脚跟腱10次。也可以选择坐在比较宽大的椅子上，腿和地面呈垂直状态，两只脚轻轻并拢，脚尖向上翘，呼吸一次，恢复原状，将一条腿放在另一条腿上面，腿和脚尖慢慢地上下活动，换腿进行，每次3～5分钟左右即可。

散步是最简单有效的运动胎教

孕早期尤其是怀孕第一个月的时候，胚胎在子宫内扎根还不稳，此时要特别注意在运动时候防止流产。

准妈妈在这个时期适宜选择一些简单而又安全的运动方式，对于第一个月的准妈妈来说，散步就是最简单和有效的运动胎教。

散步是一项能够增强心血管功能的运动，它可以让你保持健康，同时还不会扭伤膝盖和脚踝。

而且，散步是一项比较方便的运动，除了一双合脚的鞋子之外，你不需要借助其他任何器械，而且在整个怀孕期间，散步都是比较安全的运动胎教。

准妈妈在散步的时候，也要注意运动量。

每天可以保持30分钟左右的散步时间，散步时步调要缓和，像跳跃、快速旋转这样的运动不能做。

建议选择在空气比较好的地方散步，比如幽静的林荫路上，这样可以使准妈妈的精神得到最大限度的放松，使心情平静，对于胎宝宝生长发育是有利的。

散步的时候，还要注意结合天气。阴雨天和盛夏季节不宜外出散步。柔和的阳光下散步是不错的选择，因为阳光中的紫外线可以杀菌，帮助促进肠道对钙、磷的吸收，对于胎宝宝的骨骼发育有一定好处。

准爸爸胎教

胎教不是准妈妈一个人的独角戏,它需要准爸爸和准妈妈共同的参与。在整个孕期,胎教的进行必须在一个安静舒适的环境中,没有任何的不安以及负担,这部分需要准爸爸倾注爱意和付出劳动。

创造舒适、温馨的居室环境

舒适、温馨的环境,能够对人的神经起到良好的调节作用,也能够对准妈妈的压力、心情等起到改善、缓解的作用,从而影响到胎宝宝的感受,促进胎宝宝的良好发育。

在准妈妈怀孕期间,准爸爸一定要学会多承担一些家庭义务,包括家务、一日三餐等等,这样才能为准妈妈创造一个舒适、温馨的环境。

准爸爸可以学习如何布置居室环境。

居室是准妈妈一天中待得最久的地方,只有营造好环境,准妈妈才能有好的心情。在居室中除了有挂饰,还要进行绿化布置。

在怀孕期间,居室应以轻松、温柔为主要风格,盆花、插花等宜小型,不宜大红大紫、花香浓烈。

居室中还可以贴一些可爱宝宝的图画,准爸爸和准妈妈可以经常看看这些图画,以后能够生出健康聪明的宝宝。

准爸爸还需要经常进行大扫除。准爸爸要定期地对房子进行打扫、清理废旧物,利用闲余时间把居室收拾干净,建议可以进行去蟑螂和除螨虫的工作。

此外,一定要注意经常保持室内的通风,经常开窗换气,调节好室内的温度、湿度。

选择合适的卧具与寝具

准爸爸与准妈妈准备怀孕时，或是准妈妈怀孕以后，准爸爸需要为准妈妈打造一个温馨舒适的睡眠环境。

温馨舒适的睡眠环境不但有助于提高准妈妈的睡眠质量，使准妈妈保持愉悦和安稳的心情，而且还能够促进胎宝宝的健康成长与发育，因此，准爸爸需要为准妈妈挑选合适的卧具和寝具，让准妈妈每天都能够睡上一个好觉。

首先，为准妈妈挑选的床单、被褥最好是全棉制的。

亲肤柔和的床上用品是最适宜准妈妈的，最好的被褥是全棉布包裹棉絮，床单是棉织品，这样可以防止引起皮肤的过敏或不适。

现在市场上充斥着各种仿冒的纯棉织品，准爸爸在挑选的时候也要注意小心辨别，因为孕期不宜使用化学纤维混纺织物做被单、床单等，化学纤维布料容易刺激皮肤，引起准妈妈皮肤瘙痒。

其次，建议准妈妈睡木板床。

孕期的准妈妈适合睡木板床，在床上铺上比较厚的床褥，这样可以避免木质床板过硬缺乏对身体的缓冲力，从而转侧过频，多梦易醒。

最后，准爸爸需要为准妈妈准备一个合适的枕头。

为准妈妈选购枕头需要注意一点，就是枕头不宜太高，因为过高的枕头会迫使颈部前屈压迫颈动脉，进而引起大脑血流量降低导致脑缺氧。准爸爸在给准妈妈选购以高度9厘米左右（平肩）的枕头为宜。

准爸爸在为准妈妈挑选孕期的卧具或寝具时，可以多多征求准妈妈的意见和要求，这样既能够挑选到合准妈妈心意的用品，也能够让准妈妈和胎宝宝一起体会到准爸爸满满的爱意和关怀。

意念胎教

意念胎教是一种以自我意识为基础的胎教方式，因为准妈妈和胎宝宝有生理和心理上的联系，准妈妈的想象通过意念构成胎教的重要部分，并且转化、渗透到胎宝宝的身心之中，因此，意念胎教也是不容忽视的。

消除紧张情绪的自律训练

这里所说的自律训练是一种通过集中自己的注意力和自我暗示的练习等来解除全身紧张状态的一种训练方法。

准妈妈在怀孕期间的一些不良情绪容易加重孕期的不适反应，比如孕期呕吐、孕期焦虑等，这些都会间接导致胎宝宝的发育不良，情况严重时甚至可能导致孕后期诱发早产。因此，在怀孕期间孕妈妈应该很好地学会自律训练，从而帮助消除自己的紧张情绪，让自己"纷繁"的思绪完全沉静下来，享受宁静带来的释然，享受与胎宝宝和谐安宁的共处。

❀ 训练方法

训练之前，准妈妈先平躺在床上，闭上眼睛，把身体的力量由中心部位朝外逐渐放松。开始时，心脏已经逐渐平静下来，内脏也会随之而感到舒缓，紧接着，肩膀、腰部关节的力量慢慢放松，依照手肘、膝盖、手腕、脚踝和指关节的顺序逐渐放松，软瘫在床上。最后，静静地用鼻子吸气，暂时屏上气，再从嘴里静静吐气。按照以上方法做10分钟左右。需要注意的是，准妈妈在做训练的时候，最好衣着舒适、宽松。

🦋 训练功效

这一套自律训练，能够帮助准妈妈真正地放松身心，人在这种放松的情境下，学习东西会特别快，胎宝宝也不例外，准妈妈感觉轻松、舒适，胎宝宝也可以分享准妈妈感受到和聆听到的一切美好的事物，尤其是当准妈妈放松下来，想象着一些令人愉悦和安宁的场景时，能够最大限度地激发胎宝宝的潜能，对于可能发生的孕期抑郁症等更有良好的预防作用。

所以，适当地"训练"，同时给自己心理暗示，例如，"我有足够的时间休息和放松"等，能够帮助消除多种紧张情绪。

在房间里贴漂亮宝宝的照片

有实验研究表明，如果准妈妈在孕期经常想象胎宝宝的样子，那么以后胎宝宝的样子就会和妈妈想象中的样子比较相近。孕期中，"心理图像"同样具有"神奇的魔力"，它会带给孕妈妈和胎宝宝很多美好的体验，甚至让你在孕期的一切体验都变得温暖、从容、美妙。

事实上，拥有一个健康、漂亮、活泼的宝宝是每一个准妈妈和准爸爸共同的心愿，为了实现这个心愿，准妈妈可以在房间里贴一张漂亮宝宝的照片。

这张照片可以从画报、挂历中寻找，挑选好了以后将它放在比较经常看到的地方，并且经常反复地联想，久而久之，胎宝宝就会接近准妈妈理想的面貌。

即使是在怀孕的第一个月也没有关系，不用担心太早。

这时候的胎宝宝就是一个小小的嫩芽，准爸爸和准妈妈可以尽情想象他或她的模样，比如，他或她长得像谁？他或她的性格应该会是什么样的？

尽量去使这一形象具体清晰，而当你想象中的画面一一浮现时，对于这一切都会变得充满活力与期待。

胎宝宝也会因为来自准爸爸和准妈妈的一些良性的刺激得到更好的发展，因此，一定要每时每刻多给胎宝宝一些关爱。

营养胎教

怀孕期间，胎儿生长发育所需的一切营养都需要由母体提供，如果母体营养不足或营养过剩，都会影响腹中宝宝的健康。因此，营养胎教也是胎教中至关重要的一个环节。准妈妈必须了解怀孕每月需补充哪些营养素，在饮食上需注重哪些方面，才能生出健康的宝宝。

保证营养均衡

妊娠初期需要的营养有矿物质、钙、磷、铁、维生素A、维生素B_2、维生素B_1、维生素C、维生素D、维生素E等，所以要经常喝牛奶、吃一些猪肉、新鲜的蔬菜和水果等等，以保证营养的均衡。在饮食上保证营养均衡需要做到遵循饮食多样化和少食多餐的原则。

准妈妈一定不能挑食、偏食，要合理地搭配饮食，均衡合理地摄入营养。准妈妈的餐桌上谷物、肉食、蔬果一样都不能少，还要适量地添加海产品、粗粮等。在怀孕第一个月的时候，准妈妈可能不太适应，会出现一些妊娠症状，导致食欲缺乏，此时更要做到饮食搭配多样化，以调节和促进食欲。

准妈妈由于怀孕，子宫的位置会增大，胃的位置也会相应地提高，因此，胃的位置受到限制，使得准妈妈如果和孕前食用同等分量的食物时会导致胃部过于饱胀。此时，最好能够在日常饮食中采取"少食多餐"的原则，每顿少吃一点，在早餐和中餐之后，适量适时地加餐。

孕期是宝宝一生中生长、发育最快的时期，需要比较多的营养物质，而这些养分大都是来自准妈妈，为了宝宝能够更好地健康茁壮成长，准妈妈在饮食上一定要注意营养摄入的均衡。

每日应补充 0.4 毫克叶酸

怀孕的第一个月，最主要的营养物质就是叶酸。叶酸是人体细胞生长和分裂所必需的物质之一，它可以防止贫血、早产，更重要的是可以防止胎儿畸形。因为孕早期是胎儿神经器官发育的关键时刻，所以女性怀孕后应该补充叶酸。

准妈妈除了口服叶酸片来保证每日所需的叶酸之外，最健康的方式就是食补。常见的富含叶酸的食物有面包、面条、白米和米粉等谷类食物以及牛肉、鸡肉、蛋黄等动物食品，还有莴笋、菠菜、油菜、猕猴桃等也可适量食用。

虽然怀孕第一个月重点需要补充的营养素就是叶酸，但补充叶酸也要适量。如果长期服用叶酸，会干扰准妈妈的锌代谢，影响胎宝宝发育。

世界卫生组织推荐，准妈妈应每日服用0.4毫克叶酸增补剂，直至哺乳期结束。

孕期健康喝水很重要

怀孕后准妈妈身体对水的需求会增加，因为血液量增加及羊水等，这些都需要足够的水分供应，所以，准妈妈在孕期适量喝水也很重要。除此之外，还要学会健康喝水。

一般每天的饮水量控制在1600～2000毫升之间，其中包含准妈妈每日所摄入的蔬菜瓜果的水分、汤水的水分等。

而且，每次喝水都不宜匆匆忙忙地喝，也不要一次性喝很多水。要养成喝水有规律的好习惯，不能等口渴了再喝水。

建议每日清晨醒来时喝一杯温水，可以帮助准妈妈补充在睡眠中流失的水分，还可以降低血液浓度，促进血液循环。

孕期食谱

促进食欲、补充营养、增强体质

西红柿碎面条

◀原料▶ 西红柿50克,面条75克,上汤适量

◀调料▶ 盐、味精各适量

◀做法▶ ①将西红柿洗净,然后入沸水中稍微烫一下,捞出,去皮,切块,备用。
②往锅中加入上汤,用大火煮沸,放入面条,再转小火煮10分钟,加入西红柿块。
③稍煮之后加入盐和味精,搅拌均匀即可。

★★营养功效★★

西红柿有生津止渴、健胃消食的功效,对口渴、食欲不振有很好的辅助治疗作用。本品酸甜可口,有改善准妈妈食欲不振的作用。

温中益气、补精填髓、促进健康

香菇鸡肉烩饭

◀原料▶ 鸡肉65克,胡萝卜30克,香菇50克,米饭1大碗,葱花少许

◀调料▶ 盐、味精、酱油、食用油各少许

◀做法▶ ①将鸡肉洗净,切丁,加入所有调料腌渍;胡萝卜去皮,洗净,切丁;香菇洗净,汆水后捞出,切丁。
②锅注油烧热,将鸡肉入锅中炒熟,盛出;将胡萝卜和香菇分别炒熟,加入鸡丁一起翻炒。
③最后加入米饭一起翻炒,再加入调料,炒匀,加入葱花炒匀即可。

★★营养功效★★

鸡肉有温中益气、补精填髓、益五脏、补虚损的功效,准妈妈经常食用有增强免疫力的作用。本品有促进胎宝宝的健康成长之效。

Part 3

第二个月：妈妈来听我心脏的跳动

怀孕的第二个月，胎宝宝正在迅速地成长，准妈妈开始察觉到自己的身体发生了一些微妙的变化。最明显的就是月经没有如期来到，这是胎宝宝在告诉准妈妈自己到来的讯息。

到了这个月，胎宝宝的心脏已经开始划分心室，并且开始有规律地跳动了。准爸爸和准妈妈在这个月要在思想上、感情上确定母儿同安的观念，详细了解胎宝宝养护、准妈妈保健和胎教的相关知识。

准妈妈和胎宝宝的变化

怀孕的第二个月,准妈妈开始出现早孕的反应,嗜睡、恶心、呕吐、慵懒无力等,胎宝宝也开始有了奇妙的变化,眼睛、嘴巴、耳朵开始有了最初的轮廓,心脏也已开始慢慢地跳动起来了。

准妈妈

在怀孕的第五周,准妈妈看上去并没有明显的变化,但乳房经常会发胀,这是正常的妊娠早期反应。

从第六周开始,会出现一些怀孕的症状,比如胸部开始胀痛、乳房增大变软、乳晕有小结节突出等症状,同时,激素水平的改变及其他因素,如肾脏的额外工作,也会使得准妈妈上卫生间的频率大增。此外,准妈妈还会变得慵懒、嗜睡、经常犯困。

到了第七周,妊娠反应开始明显起来,加之孕激素的影响,准妈妈的情绪可能会变得糟糕。

怀孕的第八周,准妈妈的腰围开始增大,乳房也在胀大,子宫增大且变软,但由于子宫的扩张压迫到膀胱,所以准妈妈小便的次数可能会增加。而且因为有恶心、呕吐等妊娠反应的出现,可能会导致准妈妈食欲不佳,但是准妈妈还是要尽量吃一些富含营养的食物,保证能够提供给宝宝足够的养分。

从整体上来说,到了怀孕的第二个月,大部分的准妈妈都会出现头晕、乏力、嗜睡、恶心、呕吐、喜欢酸性食物等一系列的症状,这种早孕的反应一般会持续两个月左右。

另外,到了这个月,准妈妈的基础体温仍然稍高,没有下降。

胎宝宝

到了第五周，胎宝宝的不同器官开始形成，神经系统和循环系统在这个时期最先开始分化，心脏已经有了雏形，并且开始有搏动，每分钟可达60~70次。但此时头部仍直接与躯体相连，手脚几乎看不到，长度约为0.6厘米，极其细小。

到了第六周，心脏和初级的肾都已经发育，神经管开始连接大脑和脊髓，原肠也开始发育。面部和五官继续在发育，形状更明显了一些。四肢的芽更加突起，肌肉纤维开始发育。心脏开始有规律地跳动和供血。

第七周开始，胎宝宝已经开始有了人的雏形，而且非常明显看到头部增大了，与身体的比例有些不协调，看上去就像一个"9"字。此时，胎宝宝的脸、头发、眼皮、舌头、耳朵这些都在慢慢地发育和形成。

第八周是胎宝宝成长发育比较快速的时期。几乎每天身体都可以增加0.1厘米，而且体内各种复杂的器官都开始了发育，并且逐渐有了明显的特征。到了这周周末，用肉眼也可以分辨出头、身体和手足。

给爸爸妈妈的信

亲爱的爸爸妈妈：

你们是否已经开始慢慢熟悉我了？因为我正在快快地长大呢。

我知道，我的到来使妈妈经常觉得疲劳，从前勤劳的妈妈现在变得爱睡懒觉了，而且妈妈还会觉得身体透支，没有力气，所以，爸爸都开始做家务了，购物、打扫、下厨、耐心倾听，而我也正以努力健康地成长回报我的爸爸妈妈。

亲爱的妈妈，请你一定不要太累哦，要开心地迎接我的到来，你听你听，这个月我的小心脏都开始跳动了呢，我都开始可以感受到妈妈的心情了，爸爸妈妈你们也会讶异这生命的神奇吗？

情绪胎教

到了怀孕的第二个月,准妈妈的情绪可能会开始变得糟糕,时常表现出不安、精神紧张,或许这些情绪对于大人来说无关紧要,但是对于生长速度迅速、发育过程复杂的胎宝宝来说却是举足轻重的。

调控情绪,自我减压

怀孕的第二个月,受到孕酮和雌激素等调节生殖期雌性激素的影响,准妈妈的情绪可能会多变,而且感觉处在一种无形的压力之中。

准妈妈情绪波动最容易发生在怀孕开始的1~2月。准妈妈的心情可以影响到胎宝宝的健康和性格,严重的情绪压力甚至会导致流产,因此,为了胎宝宝的健康和快乐,准妈妈应该学会调节和控制自己的情绪,自我减轻压力。

如果准妈妈正处在情绪波动的状态中,应该及时提醒自己采取转移烦恼、宣泄积郁、积极社交等方式,保持一种平和恬静的心态。

如果准妈妈正处在生活、工作或者不适应怀孕的压力之中,则应该学会自我减压、释放压力。如果经常感觉压力大,容易导致血压升高、发生胃肠道疾病,不利于身心的健康,对于准妈妈来说,学会释放压力非常重要,轻松的状态对于胎宝宝更加有利。

曾有研究实验表明,准妈妈如果能够避免压力,尽量放松心情,生出来的宝宝可能更加擅长交际,如果怀孕时压力大并且没有办法放松下来,孩子将来在社交和语言等方面的发育也会受到影响,甚至可能会导致抑郁症、孤独症等。

准妈妈的压力感对孩子性格的影响是激素的作用，如果倍感压力，雄性激素就会增加，胎宝宝在第13周左右就会受到这种情绪影响。

准妈妈在怀孕期间应该尽量减少工作量，多散步，听一些轻缓、舒畅的音乐，以此来调节情绪，自我减压。

学会营造一种愉悦的心境

在怀孕时，如果准妈妈心情是愉快的，胎宝宝也会感受得到。一种愉悦的心境是一贴心灵的安抚剂，如果准妈妈在孕期能够保持这种心境，将会对胎宝宝的性格产生积极的影响。

准妈妈在怀孕的初期，如果觉得心情不好也不必太过担忧，因为你并不孤单，很多准妈妈都会有这种反应。等你理清了思路，并且适应了激素水平的变化之后，情绪波动的情况就会逐渐减少了。在这期间，要努力学会寻找让心境愉悦的一些方法，来改善这种情况。

可以经常参加一些交际活动，和一些情绪乐观的朋友多来往，充分享受和他们在一起的快乐，并且让他们乐观的情绪感染自己，还可以多结识一些与自己志同道合的朋友，经常多聊天，一起活动，感受人群之中的快乐。

还可以平时多读一些使自己的精神生活变得更加充实的作品，比如高雅的文学名著、散文、诗歌等，多聆听一些能够使精神放松、心情愉悦的歌曲。

要学会营造一种愉悦的心境，最重要的一点就是不要经常生气，生气是一件充满负能量的事情，不要经常为了一些无谓的事情生气，如果忍不住要生气的时候，可以想一想胎宝宝。

准妈妈自己在日常生活中要学会经常创造条件营造一种愉悦的心境。例如，每日清晨醒来，可以对胎宝宝说一声早安，并且对和宝宝共处的新的一天充满美好的期待。接下来，可以选择一个合适的时间做一会儿胎教，也可以亲近大自然，多出去接触一些绿色的植物、呼吸新鲜的空气、感受路途上的风景等等。

语言胎教

胎宝宝和准妈妈总是心灵相通的。语言的胎教，准妈妈不仅能够讲给胎宝宝"听"，还可以在头脑中先把所讲的内容形象化或是抓住某种感觉，把语言用一种画面或立体形象传授给胎宝宝，使他或她能够"感受"得到。

品读散文诗：《仙人世界》

如果人们知道了我的国王的宫殿在哪里，它就会消失在空气中的。

墙壁是白色的银，屋顶是耀眼的黄金。

皇后住在有七个庭院的宫苑里；她戴的一串珠宝，价值是整整七个王国的全部财富。

不过，让我悄悄地告诉你，妈妈，我的国王的宫殿究竟在哪里。

它就在我们阳台的角上，在那栽着杜尔茜花的花盆放着的地方。

公主躺在远远的隔着七个不可逾越的重洋的那一岸沉睡着。

除了我自己，世界上便没有人能够找到她。

她臂上戴有镯子，她耳上挂着珍珠，她的头发拖到地板上。

当我用我的魔杖点触她的时候，她就会醒过来，而当她微笑时，珠玉将会从她唇边落下来。

不过，让我在你的耳朵边悄悄地告诉你："妈妈，她就住在我们阳台的角上，在那栽着杜尔茜花的花盆放着的地方。"

当你要到河里洗澡的时候，你走上屋顶的那座阳台来吧。

我就坐在墙的阴影所聚会的一个角落里。

我只让小猫儿跟我在一起，因为它知道那故事里的理发匠住的地方。

不过，让我在你的耳朵边悄悄地告诉你，那故事里的理发匠到底住在哪里。

他住的地方，就在阳台的角上，在那栽着杜尔茜花的花盆放着的地方。

宝宝，妈妈想告诉你：

这首散文诗是印度著名诗人泰戈尔写的。它是以一个孩子的角度来看自己眼中的世界。亲爱的宝宝，妈妈希望你以后也是个聪明又富有想象力的孩子！

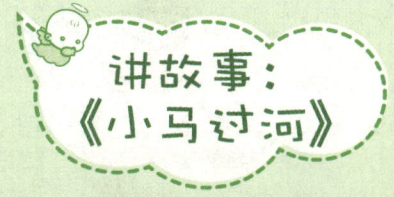

讲故事：
《小马过河》

小马和他的妈妈住在绿草茵茵的小河边，除了妈妈过河给河对岸的村子送粮食以外，小马总是跟随在妈妈的身边寸步不离。它过得很快乐，时光飞快地过去了。

有一天，妈妈把小马叫到身边说："小马，你已经长大了，可以帮妈妈做事了。今天你把这袋粮食送到河对岸的村子里去吧。"小马非常高兴地答应了。

它驮着粮食飞快地来到了小河边，可是河上没有桥，只能自己过河去，可又不知道河水有多深。犹豫中的小马一抬头，看见了正在不远处吃草的牛伯伯。小马赶紧跑过去问道："牛伯伯，您知道那河里的水深不深呀？"

牛伯伯挺起他那高大的身体说："不深，不深，才到我的小腿。"小马高兴地跑回河边准备过河。它刚一迈腿，忽然听见一个声音说："小马，小马，别下去，这河里的水可深啦！"小马低头一看，原来是小松鼠。小松鼠翘着她漂亮的尾巴，睁着圆圆的眼睛，很认真地说："前两天我的一个小伙伴不小心掉进了河里，河水就把他卷走了。"小马一听没主意了。牛伯伯说河水浅，小松鼠说河水深，这可怎么办啊？只好回去问妈妈。

小马的妈妈老远就看见小马低着头驮着粮食又回来了，心想他一定是遇到困难了，就迎过去问小马。小马哭着把牛伯伯和小松鼠的话告诉了妈妈。妈妈安慰小马说："没关系，咱们一起去看看吧。"小马和妈妈又一次来到了河边，妈妈这回让小马自己去试探一下河水有多深。小马小心地试探着，一步一步地过了河。噢！他明白了：河水既没有牛伯伯说得那么浅，也没有小松鼠说得那么深，只有自己亲自试过才知道。

小马深情地向妈妈望了一眼，心里说："谢谢你了，好妈妈。"

宝宝，妈妈想告诉你：

小马总是喜欢在妈妈的身边寸步不离，所以它自己一个人的时候都不敢过河去呢。亲爱的孩子，妈妈希望等有一天你长大了，能勇敢尝试各种开始。

运动胎教

适度的运动不仅能使准妈妈拥有健康的体魄，而且还能帮助调剂准妈妈漫长的孕期生活，让准妈妈和胎宝宝的小日子有所寄托。运动并非指某一种特定的运动项目，适当地做一些家务也是一种良好的运动胎教方式。

一般家务的必要性

我们都知道女性怀孕后要尽量避免从事繁重的体力劳动，但是适当的活动是必不可少的，比如在准妈妈不感觉累的情况下做些力所能及的家务和工作对胎宝宝的健康成长是有好处的。

例如，准妈妈在日常生活中可以做一些煮米饭、收拾屋子、扫地、为胎宝宝选购衣物之类的家务，适当地做这些一般的家务不仅可以锻炼身体，而且有助于调剂生活，还能够帮助培养胎宝宝爱劳动的好习惯。

但是准妈妈在做家务的时候需要注意以下几点：

①早孕反应比较严重的准妈妈最好不要做饭炒菜了，以免厨房的油烟等气味刺激而加重不适。

②在春、冬季，洗衣服、洗碗不要用冷水，以免染上寒气。

③不要登高和弯腰取物，不要搬抬重物。

④洗衣服、擦地板等都会令腹部受压，最好不要做太长时间，因为腹部过度受压，会压迫子宫，有可能损害胎宝宝或引起流产。

⑤避免久站，做家务一段时间后休息一会儿，不可太过劳累。

孕期瑜伽

刚刚怀孕两个月,准妈妈还不适宜进行一些强度比较大的运动,但是可以经常做一些运动量较轻的瑜伽的简单动作,有助于准妈妈缓解疲乏和帮助胎宝宝健康成长。

❀ 眼部瑜伽

①挺直腰背,双腿自然散盘,双手放到膝盖上,掌心向上,食指和拇指相触,睁大双眼正视前方。
②将眼珠滚向眼眶的顶部。
③再将眼珠滚向眼眶的底部。上下滚动重复8～10次后,闭上双眼稍作休息。
④睁大双眼正视前方,将眼珠滚向眼眶的右部。
⑤再将眼珠滚向眼眶的左部。左右滚动重复8～10次后,闭上双眼稍作休息。

功效:此练习有助于舒缓眼球的紧张,使视神经疲劳得到缓解,增强眼部肌肉,保持正常视力。一般情况下,你觉得视力不如从前,很可能会考虑是不是眼角膜积水或其他病变,但是在孕期出现这种情况属于正常现象。

❀ 颈部瑜伽

①挺直腰背,双腿自然散盘,双手放到膝盖上,掌心向上,食指和拇指保持相触。
②呼气,头向后,下巴尽量上抬。吸气,头回正中。
③呼气3～5次,低头放松后颈部。吸气,头回正中。上下重复此式。
④呼气,颈部自然向左转动,吸气,头回正中。
⑤呼气,颈部自然向右转动,吸气,头回正中。左右重复此式3～5次后,恢复到起始姿势,然后稍作休息。

功效:此练习可以消除颈部和肩膀上部的紧张感,预防颈部疾病,缓解由于怀孕期身体变化而引起的肩颈酸痛等现象。但是,准妈妈在进行此练习时,应该注意安全,双肩不必向上抬起,以保持呼吸顺畅。

准爸爸胎教

怀孕第二个月，准妈妈在身体和心理上都逐渐出现一些孕期的不适症状，这时候除了准妈妈自己学会减压和调节情绪之外，更需要准爸爸的关心和帮助。而且，夫妻和睦对于胎宝宝来说也是一种十分重要的胎教。

准爸爸应给准妈妈多一点帮助

夫妻不和给孩子带来的危害比怀孕时生病、工作疲劳等原因带来的危害更大，由此可见，夫妻和谐、家庭关系的和谐对于胎宝宝的整个成长发育都有重要的影响。

和谐的家庭气氛是造就身心健康后代的基础，如果孩子是在和睦相处的家庭关系中成长的，那么他以后就会懂得如何谦让相爱，如果孩子是在焦虑、暴力、冷漠中成长，那么他则很有可能会走上不正确的人生道路。

家庭的熏陶和培养可以影响孩子一辈子，这种生长和教育环境的好与坏，直接影响着孩子的人格、健康。

因此，准爸爸和准妈妈应该在这方面树立起良好的榜样，应该努力共同营造一个温馨、和乐的家庭氛围。

怀孕期间，准妈妈可能脾气善变，心理压力比较大，准爸爸一定要多给准妈妈多一点帮助。这种帮助可以是日常生活中的体贴照顾，也可以是心灵上的抚慰关爱。

准爸爸在日常生活中可以尽量多抽一些时间陪伴准妈妈，因为准妈妈在妊娠期间，大多数时间都是在家中度过的，所以难免有百无聊赖的时候，如果有准爸爸的陪伴、体贴和关心，多帮助准妈妈做家务，听听准妈妈的想法和意见，准妈妈一定可以觉得更舒心、安心。

准爸爸和胎宝宝的悄悄话

胎宝宝对于经常听到的声音会有特别敏感的反应，如果经常对他说话，他可以通过对准妈妈和准爸爸声音的感受，促进记忆力的发育。

准爸爸可以经常和胎宝宝说说悄悄话，用爱和温柔将这个小生命包围，可以帮助促进胎宝宝的脑部发育和健康成长。虽然这个时候胎宝宝的听觉还没有发育，但是，多聆听准爸爸的期待和关爱，对于胎宝宝的成长有一定的积极影响。

准爸爸和胎宝宝的对话不必局限于某个话题或者领域，也不必拘谨，可以信手拈来，比如吃饭的时候，可以对着准妈妈肚子里的宝宝说："亲爱的宝宝，我们吃饭咯！"再如，散步的时候，可以说："我们去散步咯！"

与胎宝宝对话的时候，准爸爸声音适中即可，速度则可以稍慢一点，但要充满爱意。

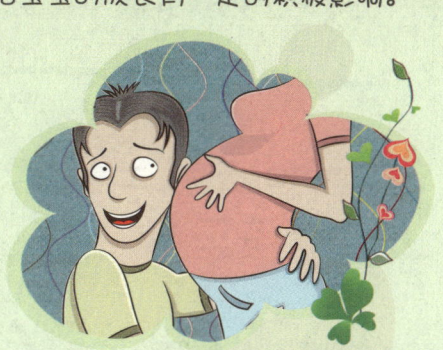

准爸爸和准妈妈一起写胎教日记

胎教日记是记录宝宝成长的重要手段，虽然准爸爸不能像准妈妈一样，和胎宝宝有直接的亲密接触，但是准爸爸可以和准妈妈一起写胎教日记，用这种感同身受的方法来记录自己心目中胎宝宝的成长。

准爸爸可以用文字、图标、绘画的方式来记录胎宝宝每天或每周的变化，记录的时候，可以通过询问准妈妈的方式进行，比如，可以问准妈妈今天宝宝是否在肚子里有活动，还有准妈妈今天的心情如何，和胎宝宝一起做了什么事情等等。通过这种记录，可以对胎宝宝的变化有新的了解，对他或她的成长有了不同的欣悦的感受。而且，这种夫妻一起记录胎宝宝成长的方式还有助于增进感情，同时会激发父爱、母爱的心。

等到胎宝宝出生了，长大了，看到这份爸爸妈妈共同的关于他的爱的记录，一定能够更加深刻地读懂父母的爱。

意念胎教

在一个充满柔和美妙音乐的环境中，准爸爸和准妈妈闭目遐想，努力勾勒出属于自己的宝宝那幸福、活泼的脸庞。对于准爸爸和准妈妈来说，已经逐渐开始感受这小生命的来临了。

冥想有助于心境平和

冥想，是一种最为轻松的可以帮助准妈妈平和心境的方法。如果准妈妈在家能够做到经常冥想，那么，对于保持良好的心情是有很大的作用的。

准妈妈的精神状态、生活方式和思考方式都会对胎宝宝产生重要的影响。在冥想的过程中，准妈妈的压力和日常生活中的紧张感得到了释放，自然而然，各种不良的负面情绪也会随之消散。

而且，冥想还能够帮助准妈妈开发潜在的心灵智慧。在冥想的时候，人的专注力和洞察力都会得到提升，而且心灵还会因为安静和思考，变得纯净清澈起来，甚至会由此产生新的活力，从而身心都变得平和。由此可见，冥想能够促使胎宝宝更加健康、平稳地发育成长。

冥想的方法

首先，冥想的时候，要保持一种放松的、轻松的坐姿，挺直背部，手心向上，放在自己的膝盖上面，轻轻地挺起胸部，然后再将脸部稍微地向上抬一点点，闭上眼睛。

闭上眼睛之后，尽量做到平静自己的内心，想象一些美好的事物，比如海滩边，看着潮汐进退，配合呼吸。潮汐来了，吸气，潮汐退去，呼气，然后放松自己的

大脑。

最后再慢慢地吐气，默默地想象，周围的环境优美，并且看到鲜花簇拥，还看到胎宝宝甜甜的微笑。

🍀 冥想的注意事项

冥想最适宜在每天的早、晚，选择心情平静的时候进行。冥想的时间约为每次10~15分钟。

冥想的时候尽量穿宽松、舒适的衣服，这样有利于身心的放松。

冥想时，多想一些美好的事情，将善良、温柔、慈爱的母性形象充分体现出来，愉快的心境能够促进宝宝的成长。

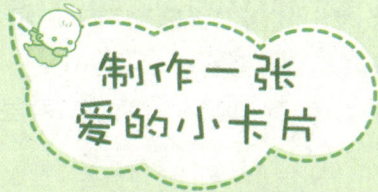

制作一张爱的小卡片

闪光卡片是用彩色笔写上字母、文字、数字的纸片，可以帮助准妈妈强化意念和集中注意力，并且能够让准妈妈获得明确的视觉感，从而产生良好的胎教效果，所以在怀孕的第二个月，提前为亲爱的胎宝宝制作这一张爱的小卡片是有重要意义的。

在制作卡片之前，先准备一些打印纸，一些彩色笔，可选择那些线条稍微粗一些的，另外，还要准备一支钢笔或黑色签字笔。

在卡片上面写下想要教给胎宝宝的内容，可以是数字以及用这些数字进行加法、减法、乘法、除法等运算，还可以是字母、文字、图画等等。

需要注意的一点是，在制作卡片的时候，颜色的搭配最好选择鲜艳一些的，尤其是主题最好是显眼明亮的色彩，周围的色调则可以是浅色或者暗色的。

营养胎教

怀孕的第二个月是胎宝宝器官形成的关键时期,倘若营养供给不足,很容易发生流产、死胎和胎儿畸形等情况。因此,准爸爸和准妈妈应该在营养胎教方面做好饮食调节工作,以便很好地让胎宝宝吸收营养。

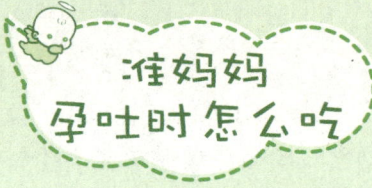

准妈妈孕吐时怎么吃

饮食上的调整可以起到改善和减轻孕吐症状的作用。准妈妈可多吃一些富含蛋白质的清淡食物,这样能够帮助准妈妈抑制恶心想吐的症状。

还可以准时地吃点零食,最好不要让自己空腹,因为空腹很容易引起恶心。

此外,姜能够有效地缓解孕吐的症状。可以把生姜切碎,用热水冲泡,让准爸爸做一杯姜茶,可以使准妈妈的胃舒服一点。

准妈妈最宜食用有机农产品

准妈妈在怀孕之后,如果经济允许并且买得到,应该多购买有机农产品。

这是因为现代化的农产品大多在种植的过程中会使用化学肥料、杀虫剂,这样的产品大多含有化学污染的残留物,对准妈妈和胎宝宝有一定的影响。

而有机农产品则大多不用这些农药和化学肥料,产品也很卫生安全,且往往具有更丰富的食物纤维和营养素,比传统种植的农产品更为安全可靠。

此外,在购买猪肉、鸡肉等肉类时,也最好能够挑选有机饲养的家畜、家禽,这样的产品不仅不太可能含有激素和抗生素等化学物质,更不太会携带如沙门氏菌这样的细菌,还可以让准妈妈吃得更加放心。

> 孕期食谱

增进食欲、降低血糖、预防疾病

胡萝卜丝炒包菜

◀原料▶ 胡萝卜1根，包菜75克，青椒35克

◀调料▶ 酱油5克，盐、味精、食用油各适量

◀做法▶ ①将胡萝卜去皮，洗净，切成丝；包菜洗净，切丝；青椒去籽，洗净，切条。
②锅入油烧热，放入胡萝卜丝翻炒，然后再加入包菜，一起翻炒至软，加入青椒炒熟。
③最后再加入所有调料调味，翻炒均匀即可。

★★营养功效★★

胡萝卜营养丰富，对人体具有多方面的保健功能，还具有特别的降血糖的作用。本品有帮助准妈妈预防妊娠期糖尿病的良好功效。

健脾养胃、增强体质、促进健康

鳕鱼鸡蛋粥

◀原料▶ 大米80克，鳕鱼50克，鸡蛋2个，葱花少许

◀调料▶ 盐、味精各3克

◀做法▶ ①将大米洗净，淘洗干净，沥干水分；鳕鱼肉剁碎成泥；鸡蛋磕进碗里，搅打均匀，备用。
②将大米入锅，加适量清水，用中火熬煮成粥，加入鳕鱼泥稍煮，下入搅打好的鸡蛋液。
③最后加入盐和味精调味，再撒上葱花即可。

★★营养功效★★

鳕鱼肉鱼脂中含有球蛋白、白蛋白及含磷的核蛋白，并含有儿童发育必需的各种氨基酸，本品具有促进胎宝宝大脑发育的作用。

宁心养神、增强体质、促进健康

南瓜莲子荷叶粥

◀原料▶ 大米70克,南瓜50克,莲子30克,荷叶8克,枸杞子6克
◀调料▶ 盐适量
◀做法▶ ①将大米洗净;南瓜去皮,去籽,切丁;莲子去芯,洗净;荷叶和枸杞子分别洗净。
②将大米入锅,加入清水后用中火熬煮成粥,加入南瓜丁、莲子一起熬煮20分钟,再放入荷叶和枸杞子熬煮至熟。
③最后加入盐调味,搅拌均匀即可。

★★营养功效★★

南瓜含有人体必需的8种氨基酸和儿童必需的组氨酸、可溶性纤维等,营养丰富。本品可促进胎宝宝发育成长和增强准妈妈体质。

补充营养、增强体质、缓解疲劳

上海青排骨饭

◀原料▶ 排骨80克,上海青35克,大米饭1碗,葱花适量
◀调料▶ 酱油6克,味精、盐各3克,淀粉、食用油各少许
◀做法▶ ①排骨洗净,剁小块,用酱油、味精、盐和淀粉腌渍20分钟,入锅焖煮至熟,撒上葱花。
②上海青洗净,锅中注油烧热,将上海青入锅中炒熟,加入盐调味。
③把米饭倒进碗中,铺上煮熟的排骨、上海青,即可食用。

★★营养功效★★

经常适量食用排骨有增强人体抵抗力的作用;上海青对眼睛和皮肤的保养有很大益处。本品有帮助准妈妈提升体质之效。

Part 4

第三个月：我是初初长成的小天使

到了怀孕的第三个月，大部分的准妈妈都已经停止了孕吐，可是刚刚形成的胚胎对于外界的很多因素和刺激非常敏感，连接胎儿和母体的胎盘也还不稳定。

因此，在这个月，准妈妈不要因为已经适应目前的身体状况而忽视了自己身体的变化和生活中的一些小细节，以免引发意外流产。

准妈妈和胎宝宝的变化

怀孕的第三个月是孕早期的最后一个月,在这个月准妈妈和胎宝宝都会有一些巨大的变化。通过对这些变化的了解和掌握,可以给予这个月的准妈妈和胎宝宝更好的呵护和照料。

准妈妈

到了第三个月,准妈妈的子宫在逐渐地增大,已经有拳头的大小了,位置也上升到了骨盆以上,用手触摸准妈妈的耻骨上缘时,会摸到子宫。因为食欲的增加,体重方面也会稍微有所上升,大概比怀孕之前增加0.4~0.9千克。

下腹部虽然还没有明显地隆起,但能观察得到腰围已经慢慢变得圆润起来,甚至肚皮也微微隆起。

到了这个时期,准妈妈的乳房会胀痛,并且开始进一步长大,乳头和乳晕的色素也在逐渐地加深,颜色变黑。在这个阶段,建议准妈妈开始换上大码的内衣以及宽松舒适的衣服。

到了第三个月的最后一周,准妈妈的阴道会有乳白色的分泌物排出,而且准妈妈还会发现,小腹部从肚脐到耻骨出现了一条垂直的黑褐色线,准妈妈不要觉得过分惊讶或担心,这些是正常的妊娠现象。

在怀孕第三个月的前两周,是准妈妈妊娠反应最重的阶段,之后会随着孕周的增加而逐渐地减轻,并且在不久将会自然地消失。

胎宝宝

到了第三个月,孕早期就要结束了,三个月来胎宝宝发生了巨大的变化,仅仅八十多天的时间,胎宝宝就已经初具人形,已经是初初长成的小天使。

在第三个月的第一周,胎宝宝的身长有22~30毫

Part 4 第三个月：我是初初长成的小天使

米，体重只有4～5克，到了这个月的最后一周时，身体长度长至3～10厘米，体重升至8～14克。

此外，第三个月的前两周，胎宝宝的手已经会握成拳头，甚至会吮吸大拇指了，基本可以看见宝宝的脚踝，神经系统也开始有了反应，心脏已经发育完全，每分钟搏动140次，肺、胃和肠道继续发育，肾脏已经迁移到了胎宝宝的上腹部。

而到了最后两周，生殖器已经完全形成，但是还要过几周才能分辨胎宝宝的性别。但在外形上，手指和脚趾已经能够完全分开，手指开始能够与手掌握紧，脚趾和脚底也可以弯曲。

怀孕第三个月的最后一周，胎宝宝的神经系统发育快速，神经元也在迅速地增多，神经突触也正在形成，胎宝宝的条件反射的能力正在逐渐加强。

给爸爸妈妈的信

亲爱的爸爸妈妈：

我知道妈妈总是为了我的健康担心很多事情，而且，因为我的降临，妈妈不能吃很多自己喜欢吃的东西了，做任何事情的时候都常常为了我小心翼翼的呢……

其实啊，妈妈已经给了我很多的纵容和很多的爱了，她为了我已经做了很多事情了，所以，妈妈，我也以更好的发育成长来报答你。如果你实在有很想吃的东西，就放心吃一点吧，我觉得你的好心情对我也很重要呢！而我也已经慢慢长大成一个可爱的小天使了，所以亲爱的爸爸妈妈你们就稍微地放松心情吧！

情绪胎教

怀孕的第三个月,是胚胎各器官分化的关键时期,到月末胎儿的雏形都已经具备,这个时期十分适宜进行情绪胎教。

情商胎教重于智商胎教

胎教与未来的幼儿教育一样,不要单纯地给宝宝灌输知识,而是要培养宝宝在未来人生中具有一种健康的心态。

很多的准妈妈希望自己的孩子长得像明星一样漂亮,就天天看明星照;有的则每天听故事,希望宝宝将来出口成章;还有的天天不离古典音乐,以期孩子将来走上艺术之路……

其实,对胎宝宝进行的这些方面的启蒙教育都是必要的。

但是,对于大多数年轻的现代家长来说,两人平时都要忙于工作,因此,有时候无暇进行专门的胎教,在这种情况下,平时生活中保持平和愉悦的心态也十分重要。

伴侣双方要互相配合,给肚子里的宝宝创造一个良好的氛围,让宝宝生活在爱与信任的世界里。

建议年轻的准爸爸和准妈妈们在繁忙的工作之余,尽量多创造两人与胎宝宝在一起的时间,多和胎宝宝说说话,告诉他或她你们有多爱他或她。

很多时候,你们在一起讨论开心的话题时不妨让肚子里的宝宝也参与进来。

准爸爸准妈妈之间要互相体谅、相互谦让,尽量给宝宝创造一个和谐的氛围。

此外，工作忙碌的准爸爸和准妈妈们也要时常与胎宝宝对话，告诉他或她你现在工作的重要性及必要性，得到宝宝的理解。

这样的心理培养有利于对宝宝情商的发掘和培养，更有助于胎宝宝在未来竞争社会中为人处世方法的培养。

幽默感能让人更快乐

幽默，就是利用机智、自嘲、调侃、风趣的行为给人带来欢乐，消除敌意，缓解摩擦，缓和紧张的焦虑感。

日常生活中，我们不难看到，一个富有幽默感的人，他或她总是充满人格魅力。

在怀孕十个月这漫长的孕期中，准妈妈难免会遇到各种心烦的事情，也会遭遇各种负面情绪的干扰，这时候，善用幽默就一定能够收获快乐。

所以，准妈妈适时地培养自己的幽默感也是很有必要的。

幽默感其实是可以通过时间和实践培养起来的。

比如，多了解各方面的知识，从而扩大自己的知识面，因为宽广的知识面是发挥幽默感的基础。

你所了解的东西多了，能够不断地学会自我充实，收集素材，在关键时刻就能运筹帷幄。

培养一种洒脱的心态也很必要。

学会谅解他人，乐观对待现实，多一点笑容和游戏，人生就会变得轻松、幽默。

时常学会观察身边的一切，迅速捕捉事物的本质，以恰当的方式谈笑人生，也能够使人变得快乐。

准妈妈可以学会一些幽默的小技巧，比如偶尔做一些"蠢事"，多与人分享生活中的趣事或笑话，多看多听相声节目等。

语言胎教

很多准妈妈在给胎宝宝讲那些经典的童话或故事时，也会因为眼前的这些文字或图画联想起一些朴实、温暖而有趣的往事，当它们在不经意中浮现在脑海中，便有一种感动在心中流淌。

讲故事：《白雪公主》

很久以前，一位国王娶了一位美丽的王后，这位王后不喜欢旁人说别的女人比她漂亮。她有一面魔镜，她经常问谁是全国最美的女人，镜子总回答是她。但是有一天，魔镜却说白雪公主比她美丽一千倍，王后怒火中烧，决定派武士把白雪公主押送到森林准备谋害她，但武士同情白雪公主便让她逃走。

在森林中，小动物们用善良的心抚慰白雪公主，还把她领到一间小屋中，和开矿的七个小矮人一起生活。

然而有一天，王后得知白雪公主还在这个世界上，便用魔镜把自己变成一个老太婆，来到密林深处，哄骗白雪公主吃下了一个有毒的苹果，白雪公主很快就昏迷过去了。鸟儿识破了王后的伪装，飞到矿山向小矮人报告白雪公主的不幸。七个小矮人火速赶回，王后忙慌地逃跑了，在狂风暴雨中跌下了山崖。七个小矮人悲痛万分，日日夜夜守着白雪公主。

不久，邻国的一位王子闻讯，骑着白马赶来，以爱情之吻使白雪公主苏醒。

最后，王子带着白雪公主骑上白马，告别了七个小矮人和森林中的动物，回到了王子的宫殿中，开始了幸福的生活。

宝宝，妈妈想告诉你：

妈妈知道我的宝宝一定是个美丽的孩子。但只有具备美丽的外表与美丽的内心，才配得上美丽的生活。我的宝宝呀，拥有内心之美和生活之美是妈妈对你最深切的期待和祝福！

讲故事：《卖火柴的小女孩》

圣诞节前夕，天气特别冷，还下着雪，有位失去母亲的小女孩，为了养活生病的爸爸，冒着风雪去卖火柴。她没有棉衣，脚上穿着一双大拖鞋。

已经中午了，她一根火柴也没卖掉。小女孩又饿又冻地往前走，突然，"轰隆"一声，一辆马车飞一样跑过去，她的身上溅满了泥水，而且拖鞋也跑丢了。

夜幕降临，小女孩不敢回家，因为一根火柴也没有卖掉。她冻得发抖，需要温暖，于是她决定划一根火柴，"哧！"火柴燃烧了，小女孩觉得像坐在火炉旁一样。火烧得那么欢，那么暖，那么美！当小女孩刚伸出一双脚，打算暖和一下时，火焰忽然熄灭了。她坐在那儿，手中只有烧过的火柴。她又划了一根火柴，火柴燃烧起来，发出了光。墙上有亮光照着的那块地方突然变得透明，她看到房间里的东西，有馅饼，有烤鹅，当她伸出手去，火柴熄灭了，一切又消失了。

她又划了一根火柴，火柴燃烧起来，她发现自己坐在一棵美丽的圣诞树下，比中午见到的那棵圣诞树还要大，还要美丽，它的树枝上有几千支蜡烛。小女孩把双手伸过去，火柴又熄灭了。几千支蜡烛都变成了明亮的星星。这些星星中有一颗落下来，在天空中划出一条长长的亮光。

她又划了一根火柴，火光中出现了日日夜夜思念的祖母，她扑进祖母的怀抱。"祖母！"小女孩叫起来，"请带我走吧！带到那没有寒冷、没有饥饿的地方。我知道，这根火柴一熄灭，你就会不见了。就像那温暖的火炉、那美丽的烤鹅、那幸福的圣诞树一样，我什么也看不见了。"于是，小女孩把剩下的火柴全划着了，因为她非常想把祖母留住。火柴发出更加强烈的光芒，照得周围比白天还要明亮，祖母是那样慈祥，她把小女孩抱了起来，她们在光明和幸福中飞了起来，越飞越高，真的到了没有寒冷、没有饥饿的地方。

新年的早晨，人们看到小女孩仍旧坐在墙角里，她双颊苍白，脸上带着幸福的微笑，手里仍握着一把烧过的火柴梗。

宝宝，妈妈想告诉你：

生命的知觉中有寒冷、饥饿、痛苦和孤独，而我们的意志中有温饱、欢乐、爱抚和幸福。孩子呀，当我们渴望温暖时，要学会体会和抚慰并且帮助那些身处困境中的人。

运动胎教

运动胎教对于妊娠期的准妈妈来说,是增强身体免疫力的方法,通过运动胎教,不仅可以促进自身体质的增强,还可以促进胎宝宝的健康发育和成长。

多做有助于排毒的按摩

人体总会通过各种各样的方式接触和吸入外界"毒物",包括呼吸、饮食、皮肤接触等,时间长了,这些被吸收的"毒素"会在我们的身体里面蓄积,从而对我们的健康造成一定的危害。

对于正处在怀孕期的准妈妈来说,这种危害会更加明显,而且,准妈妈在怀孕期间,身体的抵抗力会下降。

因此,通过一些按摩的方法来进行自身的排毒,保证自己和胎宝宝的健康是十分重要的。

✿ 排毒按摩方法一

两只手的手掌完全接触腰部,前后交错不停地按摩,直到腰部逐渐升温。

✿ 排毒按摩方法二

两只手的拇指交叠,按摩时以手后掌为轴心,双手分别向外按摩,在腰部及下腹画扇形。

✿ 排毒按摩方法三

两只手的手掌交替轻轻拍打腰部或下腹,最好是用手指部分轻击

腰部，然后整个手掌顺势滑向下腹，另一只手的手掌同时开始新一轮轻柜。

🍌 按摩注意事项

准妈妈在按摩之前最好衣着宽松、舒适，尽量不要穿紧身的衣服。按摩时选择宽敞的环境。由于毒素可以通过出汗和尿液排出，所以准妈妈在做排毒按摩之前最好先适量地饮水。

阴道分娩的过程需要消耗大量的体力，包括腹肌、肛提肌等在内的全身多组肌肉都要参与到这一过程中。分娩过程要有效顺利地完成，需要肌肉群有一定的力量以及身体有良好的协调性。如果准妈妈在平时能够多注意对这些肌肉群的锻炼，就可为分娩做好充分的准备。

准妈妈在怀孕期间可以有意识地锻炼腹部、腰部、背部以及骨盆的肌肉，不仅可以避免由于妊娠体重增加和重心改变而导致的腰腿痛，还有助于减轻临产时的阵痛，能够促进顺利地自然分娩。

准妈妈在锻炼之前，最好能够先通过医生咨询和了解自己的身体状况，检查是否有可能会发生流产或早产的情况，在确定对自己和胎宝宝安全的情况下进行锻炼。

此外，如果是适宜运动的准妈妈，也可以参加孕妇健身班，在专业人士的指导下进行锻炼，这样就可以避免运动过程中伤到自己和胎宝宝。

准妈妈可以多练练体操，偶尔骑一下固定自行车，做一做瑜伽，还可以在水中漫步等，这些都是锻炼准妈妈的腹部、腰部、背部和骨盆肌肉的一些简单而又有效的方法。

准爸爸胎教

怀孕的第三个月是流产危险相对比较大的时期，同时也是胎宝宝致畸的敏感期，因此准妈妈和胎宝宝都需要准爸爸特别小心的呵护和陪伴，在这个月，准爸爸可以陪准妈妈去做产检，还可以多给准妈妈爱的鼓励。

准爸爸陪准妈妈做第一次产检

孕期产检是准妈妈怀孕过程中一项非常重要的任务。准爸爸应该在准妈妈怀孕后定期陪伴准妈妈做产检，这是保证孕期准妈妈和胎宝宝健康的重要方式。它可以及早发现孕产疾病，帮助准妈妈平安健康地度过孕期。

在做第一次产检之前，准爸爸需要和准妈妈一起仔细考虑一些产检时会遇到的问题，帮助准妈妈搜集和记录更全面的信息，做出一个第一次产检的爱心贴。

第一次做产前检查，医生要了解准妈妈的一切情况。由于此时已经进入相对稳定的阶段，一般医院会给准妈妈们办理《母子健康手册》。此后，医生将在上面记录准妈妈所做的各项产检情况，也会依照手册内记载的检查项目分别让准妈妈进行产检并做记录。

一般产检之前，医生都会先进行问诊，询问关于准妈妈的年龄、职业、月经史、孕产史、手术史、家族史、孕前体重数以及准爸爸的健康状况等。产检包括量体重、身高、血压、宫高、腹围等。除了这些，还包括以下几个方面：

听宝宝心跳
医生用多普勒胎心仪来听胎宝宝的心跳。

验尿
主要是验准妈妈的尿糖及尿蛋白两项数值，以判断准妈妈本身是否已经有糖尿病或耐糖不佳、分泌胰岛素减少的代谢性疾病，肾脏功能健全与否（代谢蛋白质问题），是否有子

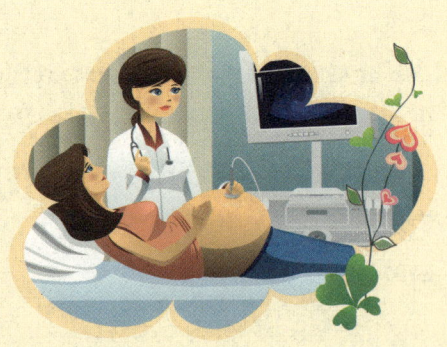

痫前症、妊娠糖尿病等各项疾病。

🍂 身体各个部位检查

医生会针对准妈妈的甲状腺、乳房、骨盆腔来做检查。为了避免过于刺激子宫，骨盆腔多以内诊方式进行检查，所以，医生会让准妈妈平躺在诊断台上，用手来触摸准妈妈腹部上方是否为卵巢肿瘤或子宫肌瘤，但大部分是良性肿瘤。

🍀 抽血

主要是验准妈妈的血型、血红蛋白（检视准妈妈贫血程度）、肝脏功能、肾脏功能及是否患有梅毒、乙型肝炎、艾滋病等，为以后做好防范。

❤ 检查子宫大小

准妈妈从怀孕的六周开始，子宫开始逐渐变大；怀孕十二周，宫底在耻骨联合上方；怀孕二十周，宫底跨过骨盆腔到肚脐。因此，从怀孕第二十到三十五周，医生以为准妈妈从耻骨联合处到子宫底所量出的厘米数，判断胎宝宝周数。

准爸爸陪准妈妈跳舞

华尔兹又叫圆舞，是一种三拍子的舞蹈。它原先是欧洲的一种土风舞，其中一部分传到英国，经整理规范成了英国华尔兹，也就是华尔兹；另一部分传到欧洲中部，仍保持土风舞热烈淳朴的风格，经整理规范成了维也纳华尔兹。

华尔兹舞曲轻快，明朗而动人，舞步也是如此，令人置身其中，产生美丽的诗情画意，比其他很多的舞步都更加温文尔雅，准爸爸经常陪准妈妈跳一曲爱的华尔兹，有利于准妈妈感受到准爸爸浓浓的爱意。

准妈妈在怀孕期间，适宜选择比较舒缓的华尔兹舞步，可以自由地配合旋律和节拍，使得手、脚、腰等部位得到自然摆动，让肌肉充分伸展、放松，准爸爸陪着准妈妈跳舞的时候，要注意迁就准妈妈的舞步，以使准妈妈身心舒适的步调为宜。

因为华尔兹在整个舞蹈过程中，有很多旋转的动作。做旋转动作有一定的危险，所以，在这时候准爸爸可以放慢跳舞的速度，让准妈妈跟随着准爸爸的舞步，并且注意保护好准妈妈。

意念胎教

怀孕的第三个月,是胚胎各器官分化的关键时期,到了月末胎宝宝的雏形已经开始具备,此时非常适宜对胎宝宝展开适度的意念胎教,常常能够获得良好的效果。

给胎宝宝传递安全的记忆信息

研究表明,胎宝宝在子宫内就能够通过胎盘接受母体神经反射传递的信息,使脑细胞在分化、成熟过程中不断接受母体神经信息的调节与训练,迅速增大记忆储存,并开始引导其行为的发展。

有人做过这样的实验:在医院产科的婴儿室播放有关母亲子宫内血液流动及心脏搏动声音的录音,发现正在哭泣的新生儿很快就能安静下来,情绪明显稳定很多,饮食、睡眠情况变好,而且体重也迅速增加。

这是因为胎儿在母亲的子宫中早已熟悉母亲的心音,一听到这种声音就感到安全亲切。既然胎宝宝有记忆能力,那么准妈妈就应该设法开发胎宝宝的记忆力,通过意念胎教等方式,把良好的、积极的、健康的、真善美的信息及时传递给胎宝宝,让他或她输入脑子里,并且受用一生。

给胎宝宝传递这种安全记忆信息的方式是多种多样的,比如,准爸爸和准妈妈可以在日常生活中经常下意识地去表达某件事情或者某种生活态度。经常保持一种安详、平稳、沉静的心绪,认真而乐观地保护好肚子中的胎宝宝,把注意力放在胎宝宝的身上,使宝宝感受到准爸爸准妈妈深沉而温暖的爱意。

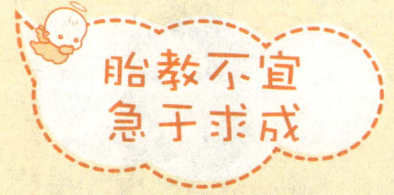

胎教不宜急于求成

胎教，近年来已越来越受到人们的关注。对胎教的科学解释也越来越确凿。虽然没有人能知道胎宝宝在子宫内的生活到底是怎样的，但是胎宝宝并不是生活在无声的世界里。

尽管许多人都知道胎教，但是一部分人对胎教的认识还存在一些误区，有的人甚至不相信胎教。实验证明，通过各种适当的、合理的信息刺激，可以促进胎儿各种感觉功能的重复发育，为出生后早期的感觉学习打下基础，这就是胎教的意义。

胎教没有造就神童的例子很多，但是说胎教毫无意义、失败的例子也是极少见到。

有的胎宝宝经过各种胎教之后，虽然聪明活泼，但是精力过盛，总是不爱睡觉，原来是准妈妈每日抽空就将胎教器置于腹部，有时候却因太过疲劳很快入睡了，但是胎教器却仍然在不断地刺激着宝宝所致。

其实，这种认为胎教多多益善的做法是不对的，因为它已经干扰到胎宝宝的生物钟，以致胎宝宝出生后显得过分活跃。

意念胎教，需要有适宜的刺激方法，但是也存在定时定量的问题。

要生出一个健康、聪明的宝宝，不要急于求成，而是要选择最佳的方式进行科学的胎教。

科学的胎教需要父母对于胎教有正确的认识，要学习相应的知识、技能，用科学的方法进行，并且按照自然的发展规律，按胎宝宝的月龄和每个胎宝宝的发展水平进行相应的胎教。

既要做到不放弃施教的时机，又要不过度人为干预。在自然和谐中有计划地进行胎教，从而获得最大的成效。

营养胎教

怀孕的第三个月,准妈妈有时候也会因为身体不适而没有食欲,但是在孕期养成好的饮食习惯,合理搭配各种食物,健康饮食,对于胎宝宝的成长也是至关重要的,所以,准妈妈也可以通过多种办法改善食物的味道,从而促进食欲,保证营养。

准妈妈应重点补充镁和维生素A

到了怀孕的第三个月,准妈妈通过饮食提高免疫力主要是从食物中补充镁和维生素A。因为镁不仅对胎宝宝肌肉的健康发育起着至关重要的作用,而且也有助于骨骼的正常发育。

近期研究表明,怀孕的前三个月摄取的镁的数量关系到新生儿身高、体重和头围大小的发育。比如色拉油、绿叶蔬菜、坚果、大豆、南瓜、甜瓜、香蕉、草莓、葵花子和全麦食品中都富含镁元素。此外,镁对准妈妈的子宫肌肉恢复也很有好处。镁的摄入还可以预防妊娠抽搐、早产等并发症。

而胎宝宝在整个发育的过程中都需要维生素A,因为维生素A能保证胎宝宝皮肤、胃肠道和肺部的健康。怀孕的前三个月,胎宝宝自己还不能储存维生素A,因此准妈妈一定要充分吸收镁元素。红薯、南瓜、菠菜、芒果都含有大量的维生素A,准妈妈可以适量常食用。

适量多吃熟透的香蕉可以改善便秘

孕期便秘是准妈妈经常遇到的难题。因为女性怀孕后,在内分泌激素变化的影响下,胎盘分泌大量的孕激素,使胃酸分泌减少、胃肠道的肌肉张力下降及肌肉的蠕动能力减弱,这样,就使吃进去的食物在胃肠道停留的时间加长,不能像怀孕前那样正常排出体外。

此外，怀孕后的女性身体活动要比怀孕之前减少，致使肠道肌肉不容易推动粪便向外运行；增大的子宫又对直肠形成压迫，使粪便难以排出；加上准妈妈腹壁的肌肉变得软弱，排便时没有足够的腹压推动。因此，即使准妈妈有了便意，用力收缩了腹肌，还是很难将粪便排出去。

在出现便秘的症状时，很多人认为香蕉是润肠的，于是大量吃香蕉以缓解便秘症状。但其实这是个误区，只有熟透的香蕉才会有缓解便秘的功能，生香蕉吃得太多反而会加重便秘。这是因为没有熟透的香蕉多含鞣酸，会起到阻碍消化、抑制胃肠蠕动的作用。另外，香蕉吃多了也容易引起准妈妈血糖升高，从而增加妊娠期糖尿病的发生概率，所以即使是进食熟透的香蕉也要适可而止。

食用坚果可以促进胎宝宝的大脑发育

胎宝宝的大脑发育需要蛋白质和脂类，而坚果中含有15%～20%的优质蛋白质和十几种重要的氨基酸，这些氨基酸都是构成脑神经细胞的主要成分。

此外，坚果中还含有对大脑神经细胞有益的维生素，无论是对准妈妈，还是对胎宝宝，都具有很好的补脑、益智的作用。

适合准妈妈食用的坚果有核桃、杏仁、葵花子、松子、榛子、花生、板栗、开心果等。

准妈妈可以在家中备一些坚果，每天适量食用，对促进身体健康、胎宝宝大脑发育都有一定的作用。

孕期食谱

促进消化、润肠通便、补充营养

核桃燕麦豆浆

◀原料▶ 核桃50克，燕麦30克，黄豆80克

◀调料▶ 白糖少许

◀做法▶ ①将黄豆用清水浸泡一夜，洗净，沥干水分，备用。
②将备好的核桃和黄豆一起放入豆浆机中，榨成豆浆。
③最后把豆浆入锅煮沸，加入燕麦煮熟，放入白糖调味即可。

★★营养功效★★

燕麦有促进消化、润肠道的作用；核桃属于坚果类，适合准妈妈食用。本品有增强准妈妈体质、促进胎宝宝大脑发育的功效。

补充营养、促进睡眠、改善便秘

香蕉牛奶甜汤

◀原料▶ 香蕉100克，牛奶250毫升

◀调料▶ 白糖适量

◀做法▶ ①将香蕉去皮，切段，再切成小块，备用。
②把牛奶倒入锅中，用大火煮沸，加入香蕉稍煮。
③最后加入白糖调味，搅拌均匀即可。

★★营养功效★★

香蕉是钾和叶酸的极好来源，是保证胎宝宝神经管正常发育的关键性物质。本品还具有改善准妈妈便秘的良好功效。

Part 5

第四个月：妈妈快来和我一起玩儿

随着腹部的隆起，准妈妈开始慢慢进入自己的角色，慢慢体会做妈妈的幸福，感受身边的人给予的爱。小生命也在慢慢长大，开始能看到微弱的光，能动一动自己的手指。

妈妈总是想给孩子最好的，希望他或她健康、正直、聪明、可爱，总之好的都想给他或她。而这一切除了准妈妈的努力，准爸爸也要协同准妈妈做胎教，从语言、运动、营养等各个方面给胎宝宝做直接或间接的胎教。

准妈妈和胎宝宝的变化

准妈妈随着早孕反应的逐渐消失,身体也发生了明显的变化,可能还会伴随有一些不适症状的出现。胎宝宝也度过了最危险的时期,开始长得有模有样了。

准妈妈

怀孕四个月的准妈妈早孕反应已逐渐消失,但分泌物增多、尿频和腰部沉重感依然存在。准妈妈的身体也开始有了明显的变化。

随着胎儿的迅速增长,子宫会有明显的变化,准妈妈的小腹部会微微凸起,但还不是很明显。此时,子宫已长出盆骨,可出现不规则的无痛性收缩,这是妊娠期间肌肉的正常收缩,准妈妈不用担心。

孕妈妈的乳房开始明显增大,乳头及乳晕开始着色,挤压乳房可分泌出淡黄色的黏液,这属于正常的生理现象,但要注意时刻保持乳头的清洁。如果发生乳头凹陷,要特别注意卫生,必要时请医生处理。

由于孕期内分泌的改变,皮肤弹力减弱、脆性增加,皮下毛细血管及静脉壁变薄、扩张。乳房由于乳腺组织的发育及脂肪组织的沉积也逐渐长大,导致乳房、腹部及大腿上部皮肤伸展变薄,弹力纤维断裂,透出皮下血管的颜色而形成妊娠纹。这时准妈妈应进行适当的锻炼,增加皮肤对牵拉的抵抗力,并在饮食上增加胶原蛋白的摄入。

此时,准妈妈容易觉得疲劳,甚至可能出现便秘、胃部灼烧感、消化不良、浮肿等不适症状。由于腹压增大,可影响下肢静脉回流,使小腿部位出现静脉曲张的现象。

胎宝宝

胎宝宝也在妈妈体内不断长大,到本月末的时候,身体长大约16厘米,体重约100克。别看胎宝宝还这么小,其实他的手脚已经能做简单的运动,味蕾也逐渐形成,并能感受到宫外世界的光线了。

胎宝宝几近透明的皮肤开始长出细长的胎毛,眼睛在头部的位置更加突出,两眼之间的距离开始慢慢拉近,眼睑仍然是紧紧闭合,但眼球已经可以慢慢地移动了。嘴唇可以张合,耳朵已经完整地长在了脑袋两边。脖子已经可以支撑住头部了,随着神经元的增多,神经突触的形成,胎宝宝条件反射能力也在增强。此时宝宝的头发开始迅速生长起来,胳膊和腿虽然已经可以活动,但是协调性还相对不够,同时手指和脚掌上出现了应有的指纹印。

伴随胎盘的发育,胎宝宝已经脱离了容易流产的时期,并努力通过胎盘来摄取准妈妈提供的营养,开始安心的成长历程。

给爸爸妈妈的信

亲爱的爸爸妈妈:

宝宝一个人在里面有点无聊,怎么没有人来跟我玩儿呢?虽然你们看到的我还很小,但是我已经可以自己慢慢活动喽。

我开始长头发了,等我出去的时候你们肯定会大吃一惊的。偶尔我还能看见外面的亮光呢,不知道你们有没有给我拍照留念。多想坐在爸爸的肩膀上,然后看他摇头晃脑地哄我哈哈大笑。多想让爸爸高高地把我举起,然后再稳稳地放下!

最近妈妈的食欲似乎好了很多,这样我也能吃到好多好吃的了。虽然不能真实地咬上一口,但我已经开始慢慢有了味觉了呢。

情绪胎教

准妈妈适应了角色的转换之后,是不是慢慢开始变得幸福起来了。感受着身边所有人的好,一个微笑,一个眼神,感觉都是爱的传递。除了心理上的适应,准妈妈还应该让自己换上孕妇装更好地进入角色。

体会做妈妈的幸福

幸福其实并不遥远,只要用心去感受,就会发现身边处处都是幸福。怀孕是每一个女人独有的幸福感,所以尽情去享受做妈妈的幸福吧!

当准妈妈知道有个小生命顽强地生活在自己的体内,那种感觉应该是前所未有的成就感吧。在与这顽强生命相处的每一天,准妈妈想着宝宝在逐渐长大,最后呱呱坠地,作为一个女人,一个妈妈应该是无比幸福的。

当准妈妈开心的时候,胎宝宝会在肚子里动来动去,你想象着他或她也在手舞足蹈着,想要和你一起哈哈大笑;当你暗暗伤神的时候,胎宝宝似乎也不爱动弹,害怕惹你生气,也或许咬着手指头在想,妈妈难道生我的气了吗?你再也不会觉得孤单,因为有个小生命在你体内,总能第一时间感受到你的喜怒哀乐。他或她爱你就像你爱他或她一样。

怀孕之后,除了将生出宝宝的喜悦感之外,准妈妈还会有很多特有的幸福呢。准爸爸会花更多时间陪伴你,每天抢着做家务,想着做你爱吃的菜。吃饭的时候,丈夫会给你夹爱吃的菜,天冷的时候会及时给你披上外套,腿酸的时候会贴心地帮你按摩。每天给你热一杯牛奶,每天带着你去散步,早早就开始和你为宝宝准备小衣服,小幸福

时时刻刻都在身边上演。总之，准妈妈整个都会被丈夫浓浓的爱包围着。

上班的时候，同事总是贴心地为你取放在高处的物品，时不时教你一些应对怀孕不适的小妙招，桌子上也摆满了同事给你准备的防辐射的小植物，总是交给你最轻松的工作任务，这些可都是平时体会不到的关怀呢！

出门的时候，公交车上总是有人主动让座位，路上行人也会好心地给你让出不太拥挤的空间，总之大家对着准妈妈都是关心爱护的眼光。这一切都让你感觉到这个世界的美好。

随着体型的变化，脸上已经逐渐形成的色斑，很多准妈妈开始变得不好意思出门，当遇到熟人时常感到难为情。以上窘迫虽然是准妈妈正面临着的，但你可知道，此时这些都遮不住准妈妈身上散发的美丽光芒。

在怀孕的这十个月里，虽然准妈妈之前的风韵体态变得臃肿，但是会生出一种别样的美丽。此时皮肤会变得更加细腻、红润，发质也会变好，心境也会变得平静、柔和，内心焕发的母性魅力更是一种无法形容的美丽。

但此时，准妈妈不能像怀孕之前随意地使用化妆品了，做好脸部护理就可以了。但是在着装上，准妈妈可以多花些心思，让自己看起来更美丽。

内衣的选择是关键。怀孕之后随着身体脂肪的堆积以及乳房增大，原来的内衣相信早就不合用了。有很多准妈妈会担心产后乳房会变小，甚至变形，其实只要在怀孕期及产后选择合适的内衣，就能有助于保持原来的胸部曲线，再加上运动和按摩的话，胸部就能变得更加完美了！购买内衣的时候，可以去孕妇专卖店购买，选购时要重新测量尺寸，而且一定要试穿，最好选择可以自己调尺寸的内衣，这样就可以随着乳房的增大来调整大小。布料一定要是纯棉的，这样舒服透气，能给乳房最贴心的保护。

外衣的选择。最好选择高腰的裤子或者长裙，这样可以区分胸部和腹部之间的曲线，还会显得双腿更加修长，显得时尚又精神。颜色尽量选择明朗、健康的暖色系，不仅可以衬托肤色，让准妈妈看起来光彩照人，还可以调适准妈妈的心情。衣服的质地一定要柔软、透气、吸汗，最好选用纯棉的。

穿上好看又舒适的衣服，相信准妈妈的心情都会好很多吧！

语言胎教

语言胎教是准爸爸和准妈妈跟胎宝宝最简单直接的交流方式,这不仅是语言上的沟通,更是一种简单的教育方式。一个可爱的小故事,一篇简短、优美的小散文,都是准妈妈和准爸爸爱的传递。

讲故事:《找朋友》

长颈鹿长得太高了,它很难交到朋友。

有一次,长颈鹿想跟小野猪交朋友。可小野猪跟长颈鹿说话,总是仰着头大声喊,人家以为小野猪是在跟天说话,都说小野猪傻。结果,长颈鹿跟小野猪没有成为朋友。

小乌龟长得太矮了,它很难交到朋友。

一次,小乌龟跟牛大哥交朋友。可牛大哥跟小乌龟说话,总是低着头咕噜,人家以为牛大哥是自己在跟自己说话,都说它老了。结果,小乌龟跟牛大哥也没有交成朋友。

一天,长颈鹿在路上走,突然被一朵云缠住了脑袋,怎么甩也甩不开。长颈鹿就跑起来,跑啊跑啊,突然,一脚踢着了正在路上爬的小乌龟,当即就把小乌龟给踢飞了起来。就这样,长颈鹿和小乌龟认识了,他们很想成为好朋友。可是,一个这么高,一个这么矮,怎么相处呢?

小乌龟说:"我会想个办法,让你不用低头,也知道我小乌龟就在你身边。"小乌龟在身上绑了一个氢气球,气球上画上小乌龟的笑脸,长颈鹿看到气球,就好像看见了小乌龟。

宝宝,**妈妈**想告诉你:

交好朋友不是一件容易的事情,需要双方的共同努力和互相迁就。每个人都有自己的个性和特点。但妈妈希望你有温和的性格,友善的举止,能交到很多很多的好朋友。

长颈鹿好高兴,它也说:"我也有个办法,让你不用抬头,也知道我长颈鹿就在你的旁边。"长颈鹿在脚上挂了一个小铃铛,一走路,铃铛就会响,小乌龟就能知道长颈鹿在旁边。

这真是一个好办法呢!就这样长颈鹿和小乌龟就成了一对一高一矮的好朋友。

美文欣赏:《你是人间四月天》

我说你是人间的四月天;
笑音点亮了四面风;轻灵
在春的光艳中交舞着变。

你是四月早天里的云烟,
黄昏吹着风的软,星子
在无意中闪;细雨点洒在花前。

那轻,那娉婷,你是;鲜妍
百花的冠冕你戴着;你是
天真,庄严;你是夜夜的月圆。

雪化后那片鹅黄,你像;新鲜
初放芽的绿,你是;柔嫩,喜悦
水光浮动着你梦中期待的白莲。

你是一树一树的花开,是燕
在梁间呢喃,——你是爱,是暖,
是诗的一篇;你是人间的四月天!

> **宝宝,妈妈想告诉你:**
> 宝宝,你就是妈妈的四月天。你是四月的风,让妈妈想跟着你起舞;你是四月的花,让妈妈在芬芳里陶醉。你给妈妈带来了笑容,你如此珍贵,妈妈会好好爱你。

运动胎教

传统的胎教,总是要求准妈妈尽量卧床休息,这是很不科学的。准妈妈在怀孕期间适当地运动,不仅可以缓解妊娠不适,对于分娩以及促进宝宝健康都是有不可忽视作用的。

准妈妈游泳可减轻孕期不适

游泳是非常适合准妈妈的有氧运动哦,不但可以促进妈妈的血液循环,还能改善孕期带来的各种不适症状。那么,游泳时都要注意些什么呢?

①首先要征得医生的意见,医生会根据准妈妈的身体状况,确定准妈妈是否适合游泳。

②尽量选择室内的游泳池,水温在29～30℃,下水之前要做好热身运动。

③一般情况下,准妈妈一周可以游泳1~2次,每次游泳的时间以不感到疲乏为准。每次游完泳之后,要检测心率,以不超过140次,且运动后10分钟之内心率能恢复到锻炼前的心率为宜。

④游泳的过程中可选择自己喜欢的姿势,划动双手双脚,这样身体就能得到有效地锻炼。如果准妈妈耻骨联合处感觉疼痛,就应该避免用蛙泳的姿势。

⑤游完泳上岸之后,尽快将身上的水分擦干,避免感冒。然后可以吃点东西,以补充身体的能量,再稍事休息,让身体得到足够的休息。

⑥有流产、早产史及阴道不规则流血的准妈妈不宜游泳,可选择其他的锻炼方式。

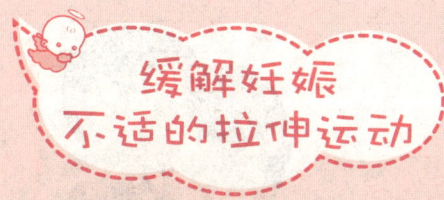

缓解妊娠不适的拉伸运动

拉伸运动是一种比较舒缓的运动，可以帮助缓解常见的妊娠不适症状，如腿部抽筋等。在运动之前要适当热身，在运动过程中，要避免过度拉伸。

腿部拉伸运动。身体直立，自然呼吸，两脚稍分开，右脚向后退一步，左膝盖稍弯曲，身体向前倾斜直到右腿肚子有牵拉感，然后复原，换左脚反复进行。

侧拉伸运动。两脚分开与肩同宽，膝部微微弯曲，左手扶腰，右手臂向上伸至头顶上方，身体向左弯曲，幅度超过左侧肘关节，保持一小段时间，感到右侧手臂及腰部的牵拉感。再换一侧做相同的动作，重复几次即可。

上臂拉伸运动。身体直立，双脚分开与肩同宽，收紧腹部，右臂向上拉伸。然后屈右肘关节，使手指达到肩胛骨之间的位置。左手放在右手肘关节处，轻轻向后方牵拉，坚持一会儿，使右侧背部感到牵拉感。复原之后，再换一侧做相同的动作，重复几次即可。

腰部的拉伸运动。坐在地板上，双腿分开至最大，脚掌与地面保持垂直。右腿膝盖弯曲，使右脚掌尽量贴于左侧大腿根部。右手扶住膝盖，左手尽量去抓左脚尖，使右侧腰部和腿部的肌肉有拉伸感。复原之后，换一侧做相同动作，重复几次即可。

胸部拉伸运动。双腿盘坐在地板上，身体保持直立，双手交叉放在身后，手臂伸直，头抬起，保持静止姿势15秒左右，还原到起始位置，重复几次即可。

做拉伸运动的正确的方法是缓慢和放松。做拉伸运动的时候，保持每个动作10~30秒，每一个拉伸运动重复两到三次或更多。可试着加深拉伸运动的程度，但不要把拉伸运动做到引起疼痛的程度，这样会拉伤你试图放松的肌肉。

准妈妈可以选择在自己喜欢的时间段做拉伸运动。但注意，千万不要在饭后做强度大的、时间久的拉伸运动。这样不仅会降低运动的效果，还可导致消化不良。

准爸爸胎教

胎宝宝适应了准爸爸的陪伴之后,无疑变得更加离不开准爸爸了。可准爸爸的胎教可不仅仅是跟胎宝宝讲讲话这么简单哦,随着胎宝宝的发育,如何安排最合适的胎教,就成为准爸爸的首要任务了。

准爸爸的生活习性胎教

虽然胎宝宝不知道时间的变化,但是他或她在准妈妈的子宫内也有着自己的生活习性。常有准妈妈说,"小家伙,每天一到中午要吃饭的时候就踢我的肚子,晚上倒很安分;早上如果我醒得太早,他还会踢我的肚子,好像在表示不满呢。"其实,胎宝宝会跟随准妈妈和准爸爸的生活习惯养成自己的一套生活习惯。听着不可思议,可准妈妈的话又印证了这一点。所以,为了胎宝宝能养成良好的生活习惯,准爸爸可千万不能偷懒呢!

早上起床的时候,准爸爸一定要记得向胎宝宝问早安,"宝贝,睡得好吗?你看太阳升起来啦,让我们一起度过这美好的一天吧!"

吃饭的时候,准爸爸也记得给胎宝宝介绍今天吃的食物哦。"宝宝,吃饭的时间到啦!今天吃的是蒸鱼,它对身体可好了,不仅能让你长得高高大大的,还会变聪明呢!还有橙子,真是肉多汁甜呢,里面还有很多维生素,能让我们家宝宝以后又白又嫩的。"

去公园时,准爸爸记得给胎宝宝描绘一下美丽的风景。"宝宝,今天我们一起出来逛公园呢!吃饱饭了,就要出来散散步,这样能让我们更好地消化。""你看,那边有小朋友放风筝呢,哇!蝴蝶风筝飞得好高啊,都要高过小鸟了。风轻轻的,吹着也好舒服,有没有听见树叶哗哗在响呢。"

睡觉时,准爸爸记得给胎宝宝说晚安:"宝宝,今天过得开心吗?时间不早啦,我们一起做个美梦吧!"

准爸爸的四月胎教时间规划

随着胎教的推广,越来越多的准爸妈开始重视胎教。如何科学地选择胎教的内容和方式,了解、学习什么时间、用何种方式给胎宝宝听什么才是最适合的等等,成为各位准爸爸、准妈妈急需解决的问题。

随着胎龄的增长,四个月的胎宝宝身体重要的器官已经形成,而且机能也在不断地完善,所以根据胎宝宝的成长来选择合理的胎教方式,不仅能使胎宝宝及时地得到锻炼,还能让胎宝宝变得更加聪明。所以准爸爸的胎教时间规划显得尤为重要。

其实每天都有实施胎教的最佳时间段:中午12点,这时,人们的视力处于最佳状态,可以明朗清晰地看到美丽的风景,准爸爸可以陪同准妈妈在这段时间去欣赏优美的绘画作品,这样可使准妈妈心情愉悦。晚8~11点,这个时间是准妈妈听神经最敏感时间,也是最佳胎教的时间。这时准妈妈也已经吃完饭,并且已经稍作休息,精神也在慢慢恢复。此时,准爸爸可以跟准妈妈一起进行胎教,给胎宝宝讲童话故事,陪胎宝宝一起听音乐。通过准妈妈最深层次的放松,使得胎宝宝的胎教达到最好的效果。

此外,第四个月的胎教规划内容主要包括:十三周,准爸爸陪准妈妈做胎儿体操,给胎宝宝听音乐或哼唱自己喜欢的歌曲,还可将报纸卷成筒状,与胎儿轻声说话或念一些诗文。十四周,准爸爸和准妈妈应多看一些幽默书籍、视频,以活跃家庭气氛,增进夫妻情趣,保持这个时期的准妈妈身心愉快,食欲良好。十五周,准爸爸可以针对准妈妈的口腔问题、乳房疼痛、痔疮以及下腹不适等情况,做好按摩胎教,以预防缓解上述症状。十六周,由于胎儿进入了急速生长时期,准爸爸要注意准妈妈营养的补充,要保证准妈妈蛋白质、植物性脂肪、钙、维生素等营养物质的摄入。从这时起,做授乳准备,开始乳头的保养,开始作一些育儿用品和产妇用品的计划安排。

意念胎教

准妈妈意念上的变化时刻都影响着胎宝宝，为了胎宝宝的健康，准妈妈要注意时常给胎宝宝灌输好的思想。同时，要让胎宝宝有时刻被重视的感觉。

孕中期的准妈妈少了孕早期的不适，又增添了母性，对人对事都很温和，是孕期的最佳状态。这时如果准妈妈拍一组大肚照，就能定格自己人生中最重要的一个时刻了。

有些家长可能会担心拍照会对胎宝宝造成不良影响，在用相机拍摄的过程中会不会产生有害射线。其实自然光或灯光不会对人体造成危害。相反，多一点拍摄兴趣，反而可以提升准妈妈的生活情趣，使生活更加充实。

准妈妈在拍大肚照时，最好在准爸爸的陪同下进行，这样能提升准妈妈和胎宝宝的幸福感。在拍摄的过程中，准妈妈一定要放松心情，愉快地表达出做妈妈的期待感，尽量表现出最真实的状态。

为了追求美感，很多摄影师会给准妈妈和肚皮"上妆"，对于准妈妈来说，可以画淡妆，尽量使用自己的化妆品；对于胎宝宝呢，一定要选择质量好的彩绘颜料，以免影响胎宝宝的健康。拍照的时间，还需要根据准妈妈的体力而定，感到累的时候，可吃点东西，休息一下。

想象着当摄影师说"茄子"的时候，宝宝也在肚子里面比"耶"的手势，这样记录胎宝宝成长的过程，相信是每对父母都感到幸福的事情。

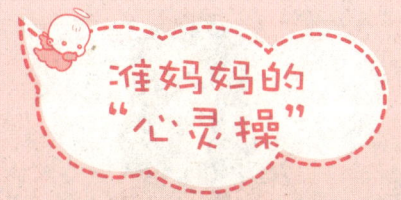

准妈妈的"心灵操"

为了宝宝的健康,准妈妈做好心灵上的熏陶是十分有必要的。这样不仅可以使准妈妈自己心平气和,还能培养胎宝宝良好、健康的心性。那准妈妈们赶紧来学一下"心灵操"吧!

第一节,放松大脑。早上起床的时候,先不要忙着起床,闭上眼睛让自己彻底放松,使身、心、头、脑处于宁静舒适的状态。

第二节,心态暗示。在平静舒适的环境中暗示自己,"我是一个好妈妈,有良好的修养和教育。我要培养出品性优良、心中有爱的孩子。"在心中默念几遍。"我心中充满了爱意,我爱我的孩子,爱我的丈夫,爱我身边所有的人。我将以最真诚的心去对待他们,我相信我的宝宝也能感受到这份深深的爱意,相信他或她也会成为这样的人。"

第三节,自我肯定。继续心理暗示,"我相信我是一个有爱心、心胸宽广的母亲,我对此十分肯定。我的孩子也一定会受到良好的熏陶,在爱与自由的召唤下成为一个优秀、健康、心灵美好的孩子。"

第四节,自我放松。做完上述的心理暗示之后,准妈妈再次慢慢放松自己的思绪,从脚趾开始到头顶的每一根发丝,让整个身体慢慢放松下来。

准妈妈每次做完之后,都会觉得自己的内心好像受到了洗涤,有了为胎宝宝奋斗的目标。

同时,准妈妈要以身作则,为胎宝宝树立好的榜样,时刻注意自己的道德修养和为人处世。

这种行为久而久之,对胎宝宝良好人格的形成有很大作用。

准妈妈是胎宝宝最亲近的人,因此,准妈妈一定要鞭策好自己,学会坚强,要给宝宝来到这个世界上最初的勇气和力量。切忌经常不安、动怒、发脾气、难过等,这样会影响宝宝健康成长,要保持谦和、温柔的生活态度。

营养胎教

良好的营养是养胎的基础,它是胎宝宝成长和发育最基本的物质供应。怀孕四个月的准妈妈,在饮食上要开始注意适量增加能量的供给,合理调整饮食结构。

为胎宝宝的发育提供能量

现在准妈妈已经进入了孕中期,伴随着准妈妈体重的增加以及胎宝宝的营养需求,从孕12周开始,准妈妈将保持每周增加350克左右体重,总的摄入能量将在原来的基础上增加200千卡,这就相应地要求准妈妈增加饮食量来补充。

碳水化合物是能量供给的主要来源,只有保证充足的主食摄入,才能保证胎宝宝发育和自身能量的供应。如果准妈妈主食摄入不佳,很容易出现能量不足,可引起胎宝宝营养不良以及各系统、器官的发育迟缓,导致体重、身长增长缓慢,还可能引起早产。

另外,可增加主食的种类,不要只是单一的米饭、面条,可增加点粗粮,这样不仅能保证为准妈妈提供足够的基础能量,还可以提供多种矿物质和维生素。

合理选择"零食"

随着早孕反应的消失,准妈妈的食量也在逐渐增加,除了定时定量地吃饭之外,适当为准妈妈准备点零食是很必要的。但是,准妈妈要选择怎样的"零食"呢?

新鲜水果,水果是孕期必不可少的营养食品,它含有大量的水分和糖分,既能解渴又能解馋。

坚果如核桃、花生、松子、杏仁等,这些食物中含有准妈妈和胎宝宝所需要多种微量元素,可迅速为准妈妈补充能量、缓解疲劳,同时还有利于胎宝宝大脑的发育。

孕期食谱

滋阴清热、健养肝肾、补血养胃

核桃桂圆炒鸡丁

◀原料▶ 乌鸡400克,桂圆肉50克,核桃仁45克

◀调料▶ 盐2克,鸡粉2克,料酒10毫升,生抽8毫升,水淀粉8毫升,食用油适量,胡萝卜片、姜片、葱段各少许

◀做法▶ ①将乌鸡洗净斩块,切丁,汆水后捞出;核桃仁入油锅炸出香味。②锅底留油,放入胡萝卜片、姜片、葱段,爆香,倒入鸡丁炒匀,倒入清水,放入桂圆肉、鸡粉、盐、料酒、生抽,淋入水淀粉,翻炒。③加入炸好的核桃仁,翻炒匀即可。

★★营养功效★★

乌鸡滋阴清热、健脾止泻、保肝护肾;桂圆可补血养颜。本品有补充营养、增强机体免疫力的作用,适合准妈妈食用。

补血养血、美容养颜、排毒祛湿

红豆薏米汤

◀原料▶ 红豆100克,牛奶100毫升,薏米80克

◀调料▶ 冰糖30克

◀做法▶ ①将锅置火上,注入适量清水,将泡发的红豆、薏米倒入锅中,用中火煮至锅中材料熟烂。②将冰糖倒入锅中,煮2分钟至冰糖完全溶化。③加入牛奶,煮至沸腾即可。

★★营养功效★★

薏米含有大量的维生素B_1,可改善粉刺、雀斑与皮肤粗糙等现象,适合妊娠期的准妈妈食用,有养颜美容的作用。

改善睡眠、滋养皮肤、健养脾胃

牛奶桂圆燕麦西米露

◀原料▶ 燕麦50克，西米60克，桂圆肉25克，牛奶200毫升

◀调料▶ 白糖25克

◀做法▶ ①将锅中注水烧开，放入燕麦、西米、桂圆肉，搅拌均匀，用小火煮30分钟至食材熟透。
②倒入备好的牛奶，搅拌匀，煮至沸。
③最后加入白糖，煮至溶化即可。

★★ 营养功效 ★★

西米有健脾、补肺、滋润皮肤的功效；牛奶有增强准妈妈体质的作用；燕麦可帮助促进肠道消化。本品有滋养脾胃、增强体质之效。

安眠养神、促进食欲、养胃健胃

南瓜苹果沙拉

◀原料▶ 苹果1个，南瓜75克

◀调料▶ 沙拉酱适量

◀做法▶ ①将南瓜去皮、籽，洗净，切成丁；苹果去皮，去核，洗净，切丁，备用。
②将南瓜丁入蒸锅中隔水蒸熟，再捣成南瓜泥，和苹果丁搅拌。
③最后再加入沙拉酱搅拌均匀即可。

★★ 营养功效 ★★

苹果有安眠养神、补中焦、益心气、消食化积的作用。本品具有消除疲劳、增强记忆力的作用，准妈妈可以经常适量食用。

Part 6

第五个月：我们需要更多的互动

　　这个月，准妈妈一定感受到了自己孕育着的那个鲜活生命，胎宝宝真的在肚子里活动着呢。加上准妈妈肚子的明显增大，现在已经完全呈现出孕妇的体态了。

　　此时的准妈妈很容易疲劳，容易出现便秘、水肿、腰膝酸软等不适症状，但是对胎宝宝的教育可是丝毫不能松懈呢！此时，胎宝宝的大脑已经能够通过准妈妈的刺激感受外界发生的变化，对声音的分辨也提高了很多，所以开始跟宝宝互动吧！

准妈妈和胎宝宝的变化

已经是准妈妈怀孕第五个月了,不仅胎宝宝长大了不少,准妈妈的身体也发生了很多变化,对于彼此来说都是成长呢!而此时此刻,胎宝宝也有好多话想要和准爸爸妈妈说呢,多给孩子一点互动,共同成长吧!

准妈妈

进入孕期第五个月了,准妈妈在外形上已经出现了明显的变化。下腹部出现了明显的隆起,整个身体变得更加丰满了。

由于孕激素的大量分泌,刺激着乳腺腺泡的发育,加上垂体生乳素等的作用,乳房在继续增大,乳晕着色加深、体积变大,乳晕着色。

随着胎儿的不断增大,子宫体积也在迅速增大,通过自己的抚摸,准妈妈自己都能感受到子宫底的位置。而增大的子宫势必会挤压临近的器官,有时准妈妈会出现心慌气短、消化不良等表现。

伴随早孕反应的结束,准妈妈的身心也都进入了安定的状态。皮下脂肪的堆积和体重的增加,让准妈妈的身体变得圆润。而为了维持身体的平衡,准妈妈会出现姿势的改变,开始腆起肚子,保持腰部略凹陷的姿势。

令人激动的是,从这个月起准妈妈就能明显感受到胎宝宝的活动了。正常胎动提示着胎宝宝在子宫内生活得很愉快呢。

胎宝宝

此时胎宝宝的身长约在25厘米,体重约250克,四肢都发育良好,听觉器官在进一步发育,也开始长头发、指甲了。由于骨骼和肌肉的形成,胎宝宝已经可以在子宫内伸手、踢脚,让妈妈感受到自己真实的存在。

胎宝宝手指和脚趾的肉垫已经形成了,薄薄的皮肤下面可以看见清晰的血管呢!胎宝宝的躯干、肢体都发育得越发完善,整体的形状和比例也逐渐形成。

此时,胎宝宝的活动越来越频繁,小胸脯也会时不时地起伏,这是呼吸的表现,但这时宝宝呼吸的可不是空气而是羊水呢!胎宝宝开始能吞咽羊水,肾脏已经能够制造尿液,别担心羊水会被宝宝的尿液弄脏,羊水每3小时就会更新一次。而且当胎儿吞咽、排出羊水时,他或她的消化系统、呼吸系统、泌尿系统,都得到了很好的发育和锻炼。还有免疫抗体也能通过母亲的血液转送给胎宝宝,在出生后的最初一段时间内,帮助宝宝抵抗疾病。

给爸爸妈妈的信

亲爱的爸爸妈妈:

我又长大了一点,如果你们能看见我的话,会发现我不但会伸懒腰、会踢腿、会吸手指头,还会做鬼脸呢!

你们跟我说的话,我也都听得见,所以有空就多给我讲讲外面的世界吧!我想听爸爸妈妈给我唱歌,想你们多多地抚摸我。最喜欢听妈妈给我讲故事了,妈妈的声音好好听;最喜欢跟爸爸玩游戏了,爸爸,下次我睡醒了,就"敲门"叫你跟我一起玩哟!

我虽然有点小淘气,但你们还是要一直爱我哦!

情绪胎教

五个月的宝宝开始有了自己的情绪变化，如果宝宝受到惊吓或者不开心，胎动就没有规律，还会动得特别厉害。所以，准爸妈一定要重视胎宝宝的"感受"，不能什么事情都"自作主张"。

收拾好心情

五个月的准妈妈，外观上已经出现明显变化了，但是有些孕妇常会产生害羞的心理，不愿将孕身示人，严重时可造成心情低落、抑郁。调查研究显示，忧郁的情绪如果持续一段时间，可造成孕妇失眠、厌食和植物神经紊乱，导致体内血液中调节情绪和大脑的物质含量偏低，会直接影响到胎儿的正常发育。

所以，此时妈妈一定要收拾好心情，千万不能钻进不良情绪的牛角尖，可以主动找一些自己喜欢的事情来做，比如唱歌、和朋友聊天、画画、看电影等。

多和乐观、开朗的人接触，将心中的烦恼倾吐出来，时刻分散自己对烦心事的注意力。

这些都有利于准妈妈情绪的调节，对胎儿的生长发育也是十分有利的。其实，只要准妈妈收拾好心情，让内心充满爱意和甜蜜，这种情感就会传递给宝宝，让他茁壮成长。

多去户外走走吧

在屋子里待久了，就出门去看看外面的世界吧！准妈妈可以通过与大自然的接触，传递给宝宝更多美好的感受。所以，不妨收拾好心情，开启一家三口的短途旅行吧！

由于这个时期，准妈妈身体的各种不适已经逐渐消失，母子都处于比较稳定的状态，适当的旅行可以让准妈妈有一个心情的调适。

在旅行之前，要先做好旅行计划，千万不要让准妈妈及胎儿太过劳累，应该避开人多、嘈杂的地方，事前先排好周全的计划，这样才能达到放松身心的目的。选择旅行景点，最好是有青山绿水、空气新鲜的地方，去这样的地方才能达到舒散身心的目的，对准妈妈、胎儿而言，是一种无比的享受。

旅行最容易使准妈妈消除疲劳，放松身心，这样的旅行才是最棒的情绪胎教。为确保旅途中的安全，应由家人或朋友陪同。旅途中，若感觉疲劳一定要稍事休息，不可勉强，安全是最重要的。

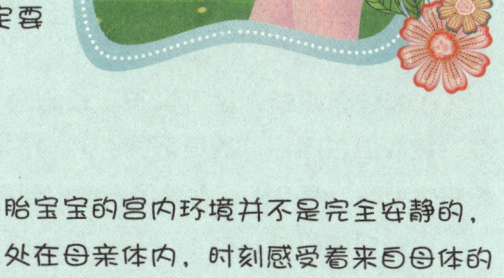

给胎宝宝一个安静的环境

胎宝宝的宫内环境并不是完全安静的，胎儿处在母亲体内，时刻感受着来自母体的各种声音，如心跳声、血液流动声等。所以，准爸妈与胎宝宝交流时，要保持一个相对安静的环境，这样有利于胎教的进行。

在胎教的过程中，准妈妈在耳濡目染的同时，宝宝能在静谧的氛围下感受到事物的美好，想象勾勒出另一个胎宝宝心中的小小世界，想想都是一件让人温暖的事。

此外，有研究表明，嘈杂的环境还可能减缓胎儿呼吸功能的发育。所以，尽量留给胎宝宝一个安静的环境吧！

语言胎教

胎教一路走来,相信宝宝应该已经听过很多故事了。这种方式不仅能刺激胎宝宝的语言、听觉中枢,还能使胎宝宝不断地接受外界客观环境,在变化的文化氛围中不断成长。准爸妈们有空就多给宝宝念念故事吧!

讲故事:《小蝌蚪找妈妈》

暖和的春天来了,池塘里的冰融化了,柳树长出了绿色的叶子。

池塘里有一群小蝌蚪,大大的脑袋,黑灰色的身子,甩着长长的尾巴,快活地游来游去。

小蝌蚪游呀游,过了几天,长出两条后腿。他们看见鲤鱼妈妈在教小鲤鱼捕食,就迎上去问:"鲤鱼阿姨,我们的妈妈在哪里?"鲤鱼妈妈说:"你们的妈妈有四条腿,宽嘴巴。乖孩子,你们到那边去找吧!"

小蝌蚪游呀游,过了几天,长出两条前腿。他们看见一只乌龟摆动着四条腿在水里游,连忙追上去,叫着:"妈妈,妈妈!"乌龟笑着说:"我不是你们的妈妈。你们的妈妈头顶上有两只大眼睛,披着绿衣裳。你们到那边去找吧!"

小蝌蚪游呀游,过了几天,尾巴变短了。他们游到荷花旁边,看见荷叶上蹲着一只大青蛙,披着碧绿的衣裳,露着雪白的肚皮,鼓着一对大眼睛。

小蝌蚪游过去,叫着:"妈妈,妈妈!"青蛙妈妈低头一看,笑着说:"好孩子,你们已经长成青蛙了,快跳上来吧!"他们后腿一蹬,向前一跳,跳到了荷叶上。

宝宝,妈妈想告诉你:

宝宝,小蝌蚪历经千辛万苦,终于找到自己的妈妈啦!宝宝,你也曾是一只找妈妈的小蝌蚪呀,现在你找到爸爸和妈妈了,我们要永远在一起,给你数不清的爱。

Part 6 第五个月：我们需要更多的互动

不知什么时候，小青蛙的尾巴已经不见了。他们跟着妈妈，天天去捉害虫。"呱呱，呱呱呱，我们长大啦！我们长大啦！我们会捉害虫，保护庄稼啦。"

品诗歌：《雪花的快乐》

假如我是一朵雪花，
翩翩地在半空里潇洒，
我一定认清我的方向——
飞扬，飞扬，飞扬——
这地面上有我的方向。

不去那冷寞的幽谷，
不去那凄清的山麓，
也不上荒街去惆怅——
飞扬，飞扬，飞扬——
你看，我有我的方向。

在半空里娟娟地飞舞，
认明了那清幽的住处，
等着她来花园里探望——
飞扬，飞扬，飞扬——
啊，她身上有朱砂梅的清香！

那时我凭藉我的身轻，
盈盈的，沾住了她的衣襟，
贴近她柔波似的心胸——
消溶，消溶，消溶——
溶入了她柔波似的心胸。

宝宝，妈妈想告诉你：

宝宝，这首诗是中国现代诗人、散文家徐志摩写的呢！冬天最美的景色莫过于雪花飞舞了，宝宝等你出生以后，妈妈也带你去看雪，感受大自然的圣洁。

运动胎教

准妈妈适当地运动,不仅可以让胎宝宝更加健康,也可以减少因分娩带来的痛苦。下面针对准妈妈孕期的身体状况,介绍了一些相应的舒缓运动,准妈妈们赶紧来学一学吧!

五月妈妈的腿部运动

由于五个月的胎宝宝已经有一定的重量了,所以准妈妈如果站立的时间过长,腿部就容易出现酸软,甚至水肿,这个时候可适当做一些腿部的运动锻炼来加强准妈妈腿部的力量。

❀ 交叉叠腿运动

①取半坐卧位,两侧胳膊手肘撑地,或一手撑地一手抚摸肚子,双腿微微弯曲,相互重叠交叉在一起。

②腿部肌肉尽量绷紧,调整好呼吸之后,坚持10秒,然后再换一侧。重复这个动作即可。

这个运动能增加腿部的力量,缓解准妈妈腿部抽筋等各种不适。

🦋 前后分脚半跪运动

①身体保持直立的姿势,一只脚向前方迈出,双手放在腰间,或者扶住椅子来保持身体的平稳。

②逐渐地将两膝的部位向前弯曲,直至几乎直角,然后使身体半跪下来。

③坚持10秒之后,改换另一只脚迈出去,重复刚才的动作。

这个运动能拉伸准妈妈的腿部肌肉,使其得到有效的锻炼。

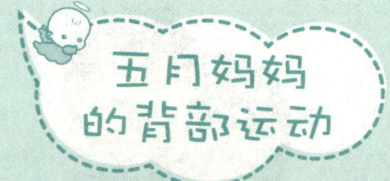

五月妈妈的背部运动

为了保持身体的平衡，准妈妈们不得不保持腰背部凹陷的姿势，这使得准妈妈们容易出现腰背部肌肉僵硬，甚至疼痛。

❀ 扭背运动

①取俯卧位，躺在运动垫上，先用双手撑住地面，然后慢慢地尽量提起上半身。

②保持平稳的姿势后，左右扭动上身回头看自己的脚后跟。如此坚持一会儿，使身体不感到吃力即可。

这个动作能有效放松准妈妈腰部两侧的肌肉，能有效缓解因负重引起的肌肉僵硬。

❀ 上肢旋转运动

①取站立位，双脚打开与肩同宽，慢慢伸展开双臂，手背与肩齐平。

②身体慢慢向后旋转直至最大限度，坚持5秒之后，恢复原来的姿势，然后再向另一侧旋转，如此往复即可。

这个动作可有效锻炼准妈妈腰背部的肌肉，使其更有力量。

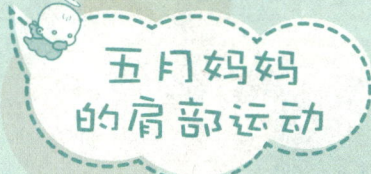

五月妈妈的肩部运动

准妈妈如果长时间不运动，肩部容易出现僵硬等不适，如果得不到及时的调整，准妈妈就容易出现肩周炎。

❀ 上肢运动

①取站立位，双足与肩同宽，全身放松，两手下垂，自然呼吸。

②上肢慢慢向上抬起，保持与肩平行，手心向下。

③手心向上，上肢向上举起至耳旁。

④手心向内，两手相握，双上肢与肩平行，手心向下并自然下垂。

这组上肢运动能使肩及手臂得到活动，舒展整个身体，可锻炼肩部肌肉。

❀ 耸肩运动

①取站立位，双足与肩同宽，全身放松，双手叉腰，保持自然呼吸。

②其他部位保持不动，肩部做前后左右的耸肩运动。

这组运动可松弛肩部肌肉，有效舒缓疲劳。

准爸爸胎教

时间久了,准爸爸跟胎宝宝之间已经建立起深厚的感情了。宝宝也是时候有一个专属的称呼了,以便他或她能准确作出回应,甚至你们还可以玩一玩胎动游戏,培养一下彼此的默契。

给胎宝宝取个小名吧

跟胎宝宝说话的时间久了,准爸爸应该早已不像刚开始那般不自然了吧!不如给胎宝宝取个小名,让接下来的胎谈更轻松吧。

可以叫"宝宝""豆豆"这些简单又上口的名字,这样接下来的日子,一家三口就可以提前进入状态,彼此之间不自然的感觉就会逐渐消失了。准爸爸妈妈给宝宝的名字最好不要有明显的性别倾向,这样代表了父母对孩子性别的尊重与无私的爱。

宝宝有了小名之后就不要老是换来换去了,这样很容易使宝宝混淆,甚至影响整个胎教的效果。所以,准爸妈们,是时候给胎宝宝取一个好听的小名了。

和宝宝一起"玩游戏"

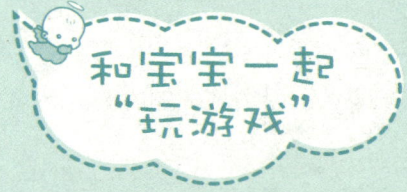

五个月的宝宝已经可以在妈妈肚子里有很多活动了,所以不妨尝试和宝宝玩玩胎动游戏吧!

首先,让妈妈保持一个舒适的姿势等待着宝宝活动。然后爸爸就将双手抚摸在妈妈的肚子上,当感觉到妻子肚皮上有踢动时,就立即拍一拍被踢的部位,给胎宝宝作一个回应。这样重复几次之后,胎宝宝就会再次踢那个位置。

如果胎宝宝能与爸爸相互回应，那就可以进入游戏第二个阶段了。准爸爸先找到胎宝宝喜欢踢的几个部位，然后在准妈妈肚子上轻轻地拍打那里。

这时，如果胎宝宝踢了那个部位，准爸爸就可以说一些表扬宝宝的话，这样在游戏和赞扬的过程中，宝宝和爸爸的互动就会越来越多，彼此也越来越亲密。

事实上，想要达到互动的阶段实属不易，所以即使胎宝宝没有积极地作出任何反应，准爸爸也不要郁闷、不要气馁。

跟妈妈一起做运动

由于宝宝越来越大，准妈妈平时的活动自然会比之前更加辛苦。如果准妈妈做一些保健运动的话，对孩子及大人的健康都是有益的。这个时候，如果准爸爸能加入妈妈的运动胎教中来，那肯定是十分惬意的。

击掌运动

两人背对背站着，两腿张开与肩同宽，一个人上半身向左转，另一个人向右，击打双方的两手，有节奏地左右轮流各做一次，然后两人向同一方向，注意转腰的动作不要过猛。

这个动作可以帮助准妈妈消除臀部和腰部的不适症状，改善血液循环。

腹肌运动

准妈妈取坐位，屈曲双膝，盘腿而坐，收缩腹部及臀部肌肉，数5秒放松，再数5秒伸直双脚，休息片刻。

准爸爸取半蹲位，将手放在准妈妈腰背凹处，指导准妈妈在收缩腹部的同时，要令其腰部压到自己的手背上。

这个动作可助增强腹肌及活动脊骨，对准妈妈的分娩有好处。

意念胎教

胎宝宝其实早已能通过准妈妈感受到这个世界了，所以准妈妈如果有空的话要多陪宝宝聊聊天，任何时候都要尽量保持好心情，不吝啬于对孩子说"我爱你"。

画出孩子的脸

准妈妈可能想象过无数遍孩子出生后的样子，眼睛像谁，鼻子像谁，嘴巴像谁……其实，你大可以将自己心中宝宝的样子画出来，这样讲话的时候看着他或她，是否也觉得宝宝就真的坐在自己面前或躺在自己怀里呢！

这样准妈妈就可以选择一个舒适的姿势，看着孩子的脸娓娓道来，将自己心中的快乐与幸福全部都讲给孩子听，这样准妈妈就能将平和安静的情绪传递给宝宝，如此一来胎教的效果就更好了。

如果不会画画，收集一些漂亮宝宝的画像贴在墙上也是可以的，这样欣赏着漂亮宝宝，心里也期待着能生下个漂亮宝宝，宝宝也能感受到妈妈对自己的期待与喜爱，希望快快长大让妈妈见到自己吧！

让胎宝宝知道你无限的爱意

妈妈对自己的宝宝自然是无限喜爱的，如果喜欢的话就勇敢地表达出来吧，不仅让宝宝感受到，也能时刻鼓舞自己。

交谈的过程中，是最好的表达爱意的时候了。不要吝啬跟宝宝讲"我爱你""欢迎你的到来""拥有你真是最美好的事情""妈妈好想快些见到你"等一些积极而充满爱的话,这样可以让宝宝感受到自己真切被爱着,然后茁壮幸福地成长。

称赞和奖励对胎儿也自然是有很多好处的,所以有机会也多夸夸自己的宝贝吧。当你跟宝宝说话,宝宝通过胎动给出积极的回应;当你去做体检,宝宝健康又强壮等。这些时候都是夸奖宝宝的大好时机,准妈妈们可千万不要错过。

总之,只要准妈妈保持积极的言行与开朗的性格想法,就会在无形之中影响着孩子,有助于促使他或她养成积极而开朗的性格。

让宝宝也听听外面世界的声音

怀孕期间,妈妈不要经常把自己憋在家里哦,偶尔可以参观一下画展或者是来一次短途旅行都是不错的选择。

准妈妈可以将自己喜欢的、觉得美好的事物讲述给胎宝宝听,通过语言及情感的传递让宝宝"看"到妈妈描述的世界。这样在不知不觉中,准妈妈和宝宝的谈话自然丰富起来。

在游玩的过程中,准妈妈可以跟宝宝一起聆听一下大自然的声音,感受清风拂面、聆听鸟语花声,想象自己真的和宝宝一起来到了这里。将自己看到的美丽景象描述给宝宝听,让宝宝从听觉和感受上能双重体验到外面世界的美好。

在人走进大自然的过程中,人的身体和心灵都会进入一种安静舒适的状态,更利于母子内心世界的沟通和交流。

营养胎教

五个月的胎宝宝在妈妈肚子里已经逐渐活跃起来了,此时正是胎宝宝大脑发育的时期,准妈妈应该多吃一些补脑的食物来促进胎宝宝智力的发育。同时,准妈妈也应该适当补充铁元素,以保证母子双方营养的供给。

胎儿补脑是关键

由于这一时期胎儿的大脑会急速发育,所以选择一些对脑部发育有帮助的食物是很重要的。那么准妈妈应该选择哪些食物呢?

多吃含碘的食物。如海带、紫菜、牡蛎、淡菜、海鲜鱼、干贝、海蜇等,这类食物不仅能补充胎儿对碘的需求量,还能促进甲状腺的合成,有利于胎儿大脑的良好发育。

多吃含锌的食物。如牡蛎、瘦肉、西蓝花、蛋黄、粗粮、核桃、花生、西瓜子、板栗等,锌能促进脑细胞中的二十二碳六烯酸与蛋白质的合成,从而促进宝宝的智力发育。

准妈妈补铁很重要

五个月的胎宝宝对营养的需求越来越大,很多准妈妈稍不注意就容易出现贫血,所以这个时候准妈妈补铁是很重要的。

虽然补铁食品有很多,但是适合准妈妈的补铁食品还是有所限制的。准妈妈补铁食品大致可分为传统补血保健品、含铁蔬菜、富含维生素的蔬菜、肉蛋类及其他干果、水果等。下面就为您逐一介绍这些准妈妈补铁要吃的食物。

富含铁的食物:鸡肝、猪肝、牛羊肾脏、瘦肉、牛肉、蛋黄、海带、黑芝麻、芝麻酱、黑木耳、黄豆、香菇、红糖、油菜、芹菜、石榴等。

孕期食谱

★★ 营养功效 ★★

生菜可促进血液循环、防止肠内堆积废物，有抗衰老和抗癌的功能。本品可促进新陈代谢，清肠润肠。

促进铁的吸收、抗衰老、抗癌

香菇扒生菜

◀原料▶ 生菜400克，香菇70克，彩椒50克

◀调料▶ 盐3克，鸡粉2克，蚝油6克，老抽2毫升，生抽4毫升、水淀粉、食用油各适量，姜片、蒜末各少许

◀做法▶ ①将生菜洗净切开；香菇洗净后切小块；彩椒洗净切粗丝。
②分别将生菜、香菇焯水。
③锅中注油烧热，加入香菇、盐、鸡粉、蚝油、生抽、清水炒匀，加老抽、水淀粉翻炒。
④将生菜摆盘，把炒好的香菇盛放在生菜上，撒上彩椒丝即可。

★★ 营养功效 ★★

香菇能增进准妈妈食欲，平衡营养；芹菜含铁量较高，可帮助准妈妈补铁补血。本品可预防准妈妈孕期出现贫血。

预防贫血、清理肠道、增强免疫

枸杞芹菜炒香菇

◀原料▶ 芹菜120克，鲜香菇100克，枸杞20克

◀调料▶ 盐2克，鸡粉2克，水淀粉、食用油各适量

◀做法▶ ①将鲜香菇洗净切成片；芹菜洗净切成段。
②锅中油烧热，倒入香菇炒香，放入芹菜炒匀，注水炒至食材变软，撒上枸杞，翻炒片刻，加入盐、鸡粉、水淀粉调味。
③关火，盛出炒好的菜肴即可。

补充蛋白质、强身健体、增强免疫力

滑蛋牛肉

◆原料◆ 牛肉100克，鸡蛋2个，葱花少许

◆调料◆ 盐4克，水淀粉10毫升，鸡粉、食粉、生抽、味精、食用油各适量

◆做法◆ ①将牛肉洗净切片，加食粉、生抽、盐、味精、水淀粉、食用油拌匀腌渍；将鸡蛋加盐、鸡粉、水淀粉搅匀。
②热锅注油烧热，倒入牛肉滑油至变色，捞出倒入蛋液中，加葱花搅匀。
③锅底留油烧热，倒入蛋液煎片刻，然后再快速炒熟即可。

★★营养功效★★

牛肉富含维生素B_6，维生素B_6有助于蛋白质代谢和免疫系统的正常运行，可帮助准妈妈强身健体。

补充蛋白质、缓解疲劳、增强记忆

蒸鱼片

◆原料◆ 福寿鱼肉280克，土豆、胡萝卜各65克

◆调料◆ 盐3克，鸡粉2克，胡椒粉少许，生粉10克，生抽4毫升，水淀粉、食用油各适量，姜丝、葱花各少许

◆做法◆ ①将土豆、胡萝卜洗净去皮切丁；福寿鱼肉切片，加盐、鸡粉、胡椒粉、生粉、姜丝、食用油腌渍。
②将鱼片放入烧开的蒸锅，蒸熟。
③用油起锅，放入胡萝卜丁、土豆丁炒匀，注入清水，加盐、鸡粉、生抽，倒入水淀粉勾芡，制成酱料。
④将酱料浇在鱼片上，撒上葱花即可。

★★营养功效★★

福寿鱼蛋白质含量丰富，被称为"不需要蛋白质的蛋白源"。本品具有补充优质蛋白、消除疲劳、增强记忆力的作用。

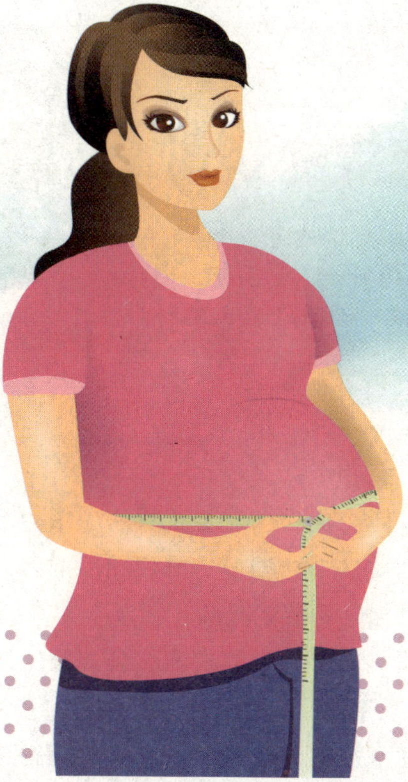

Part 7

第六个月：快说快说，说你爱我

胎宝宝已经不再是一个刚"萌芽"的小生命了，经过5个月的孕育，他或她的变化可能会让准爸爸和准妈妈很惊讶呢！当你为宝宝哼着小曲，他或她可能在里面跟着翩翩起舞呢；当你为他或她讲故事，他或她可能正吮吸着拇指认真思考呢。你可知道，他或她现在既能听见，又能记忆，还会学习呢。

所以，准爸爸和准妈妈可要注意多给宝宝学习的机会。同时，不仅要让宝宝感受到你们的爱，还要大声说出来。

准妈妈和胎宝宝的变化

看着镜中的自己,准妈妈是不是都要认不出来了,摸着渐渐隆起的肚子,想着里面孕育着一个小生命,相信内心都忍不住要惊叹吧!生命的奇迹在每个准妈妈肚子里诞生,从萌生开始就在不断努力,加油啊!宝宝!

准妈妈

怀孕第六个月,这时准妈妈的小腹隆起得更加明显了,体重增加得也很快,准妈妈可能会发觉自己胖了一圈,而且容易感到疲惫。

这个月准妈妈的乳房又胀大了一些,稍用力就能挤出黄色稀薄的液体。乳房周围开始出现褐色的小斑点,形成第二乳晕。

准妈妈的子宫又长大了许多,腰部会感到更加不适。这个时候触诊已经可以区分出胎儿的头部、四肢、臀部及背部了,胎头触摸起来会有圆而硬的感觉,胎背宽而平坦,胎臀形状不规则,四肢虽然小但常有不规则活动。

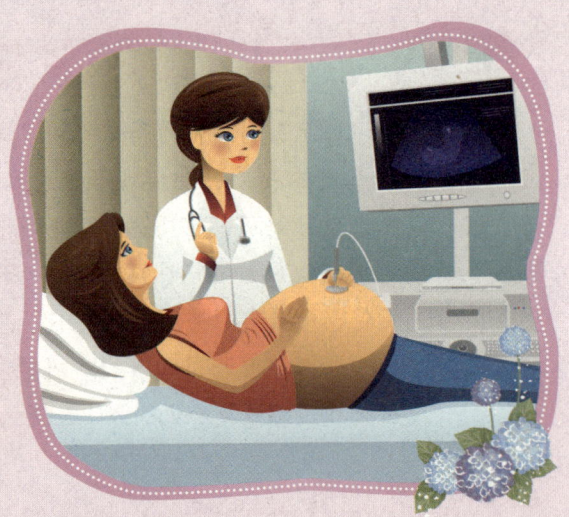

这时去医院做胎检的时候,医生肯定是要听胎心的了,准爸爸和准妈妈也要学会如何给宝宝检测胎心,这样就能知道胎宝宝在子宫里的生活情况了。如果胎心突然变快、变慢或者变弱,都应该要引起注意,如果听不见胎心的话应该马上去医院检查。

准妈妈的行动不如从前灵活,站立和坐下时都会感到很吃力。而且由于子宫的压迫,准妈妈还会出现尿频,不过不用担心,这属于正常现象。但是6个月时,很多准妈妈由于身体和精神的疲乏影响到精神,可能出现忧郁症,准爸爸要从中做好协调以及早期的预防。

胎宝宝

此时胎宝宝的身长已经达到30厘米左右了,体重500~800克。胎宝宝的大脑在迅速地增长,肺部的血管也有了进一步的发育,消化系统也悄悄开始工作了。

胎宝宝开始充满准妈妈的整个子宫,身体的比例也慢慢匀称起来。薄薄的皮肤上附着白白、滑滑的胎脂,裹着绒毯一样的胎毛,还有很多小皱纹,汗毛的颜色也开始加深,眼皮和睫毛也开始发育。羊水量开始增加,宝宝肺部开始发育,头部比例还比较大,能在羊水中做各种动作。

胎宝宝的听力已经形成,他或她可以清楚听到你发出的有些变形的说话声音、你的心跳声和肠胃蠕动时发出的咕噜咕噜的声音。外部一些大的噪音胎宝宝也能听到,比如吸尘器的声音、开得很大的音响声、邻家装修时的电钻声,这些声音都会使他或她躁动不安,要注意避免。

给爸爸妈妈的信

亲爱的爸爸妈妈:

我喜欢听到爸爸妈妈的声音,喜欢你们抚摸我。这样我就能安心地睡觉了,而且还要做个美梦。

爸爸妈妈,你们不用担心我会被羊水泡坏了,我身上长出了胎脂,它们会时刻保护我的。

妈妈,你不知道,我现在在里面游泳呢,感觉好温暖、好舒服。我比以前能听得更清晰了,能听见爸爸叫我的名字,还开始学着和爸爸玩游戏呢。感觉自己好幸福呀!爸爸妈妈,你们爱我也快快告诉我吧,我能听得到哦!

情绪胎教

准妈妈的心情就像五月的天,容易阴晴不定。要做好情绪胎教,准妈妈首先应该学会情绪的掌控,不能轻易悲伤。没趣的时候可以翻开一本好书,给自己一个微笑,相信世界总是美好的。

读一本好书

怀孕之后,准妈妈不仅容易出现疲惫,就连活动也不再如从前那般自在了。既然不能行万里路,那不如多看看书吧!

在书里,人是自由的,你可以畅游到任何想去的地方,不再局限于当下的生活。在怀孕期间,准妈妈可选择一些积极、乐观、抒情等类型的书来看,避免看一些悲伤、惊悚的小说,这样会影响到胎宝宝的生长发育。

准妈妈在阅读的过程中,可以朗诵出来,通过声情并茂来感染胎宝宝。一边想象着书里的故事,一边抚摸着宝宝,想一想都是美妙的事情,这大抵就是与孩子一起学习吧!看书时,切忌急躁、匆忙,准妈妈的性格可是能直接反映在胎宝宝身上哦。要尽量保持自己内心的平和,这样在情感的交流上也更有利。

准妈妈接触的事物就是胎宝宝一切的来源,所以在孕期读一本好书,绝对有利于胎宝宝的胎教。

森林浴

所谓"森林浴",就是在森林里边呼吸新鲜、清爽的空气,同时在森林里休憩或者散步。走进森林,当你深吸一口散发着木草气息的新鲜空气,它窜进你的肺里,钻透每一个疲乏的空隙,将你身心的疲惫一扫而空。

在环境污染严重的当下来说,能享受一下森林浴应该是最好不过的了。这不仅对人体健康有益,还能重新唤起你对大自然、对生活的美好愿望。此时身心的舒畅,肯定能给准妈妈和宝宝带来积极的作用。

森林浴能很好地舒缓准妈妈身心的压力,在森林中一边散步一边呼吸新鲜空气,不仅可以促进新陈代谢,有助于体内废物的排出,还能有效缓解因压力和疲劳引起的神经、肌肉的紧张状态。同时,大自然的鸟叫声、溪水声等,都能在情绪胎教中起到重要的作用,并不是单纯的音乐就能替代的。

在繁茂的森林里心情自然就变得舒畅起来,这实际上是植物杀菌素的功劳。植物杀菌素是植物为了保护自己不受细菌的侵害而释放出的一种芳香性物质,而森林浴的效果也源于此。森林里总有一种特有的林木清香,这种味道的主要成分是萜,它被人体吸收之后可轻微刺激人体皮肤,提高机体活性,促进人体血液循环,使人体达到心情安定的效果。同时,森林浴还能使人体获得大量阴离子,使人体神经变得镇定,并可以起到促进新陈代谢、强化人体机能等作用。

微笑的妈妈最美丽

微笑不仅是给别人看的,也可以给自己看。每天清晨,起床第一件事就是对着镜子给自己一个微笑,让自己从沉睡中完全苏醒过来,开始崭新的一天。

笑可以加快血液循环,可以起到同肌肉运动一样的效果,所以,准妈妈每天都应该多微笑。不仅给自己一个好心情,也让自己看起来更加美丽。

当我们生气时,脸上的肌肉会扭曲,而且脸色晦暗,看起来简直就是一个陌生人。所以,当准妈妈想要生气时,不妨调整下自己的呼吸,尽快平复自己的心情,给自己一个微笑吧!

语言胎教

语言总是能最直接地表达出准妈妈和准爸爸心中的爱,不管是寓言故事,还是美文欣赏,相信准爸妈都是带着宠爱的声音来为你朗诵的吧!你可爱无比,你美丽至极!

讲故事:《龟兔赛跑》

兔子长了四条腿,一蹦一跳,跑得可快啦。乌龟也长了四条腿,爬呀爬,爬得可真慢。

有一天,兔子碰见乌龟,笑眯眯地说:"乌龟,咱们来赛跑,怎么样?"

乌龟知道兔子在和他开玩笑,瞪着一双小眼睛,不理也不睬。兔子知道乌龟不敢跟他赛跑,乐得直蹦跳,还编了一支山歌笑话他:"乌龟,乌龟,爬爬,一早出门采花;乌龟,乌龟,走走,傍晚还在门口。"

乌龟生气了,说:"兔子,兔子,你别神气活现的,咱们这就来赛跑。"

"什么,什么?乌龟,你说什么?"兔子惊讶地说。

"咱们这就来赛跑。"

兔子一听,差点笑破了肚子:"乌龟,你真敢跟我赛跑?那好,咱们从这儿跑起,看谁先跑到那边山脚下的一棵大树底下。预备!一,二,三——"

兔子撒开腿就跑,跑得真快,一会儿就跑得很远了。他回头一看,乌龟才爬了一小段路呢,心想:乌龟敢跟我兔子赛跑,

宝宝,**妈妈**想告诉你:

宝宝,这个故事告诉我们——虚心使人进步,骄傲使人落后。妈妈希望你像乌龟一样,坚韧、有毅力,不畏挑战,相信自己最终一定会到达梦想的彼岸。

真是天大的笑话！我先在这儿睡一觉，让他爬到前面去，然后我三蹦二跳地就追上他了。"啦啦啦，胜利准是我的嘛！"兔子合上眼皮，真的睡着了。

再说乌龟，爬得也真慢，可是他一个劲儿地爬，等他爬到兔子身边，已经累坏了。兔子还在睡觉，乌龟也想休息，可他知道兔子跑得比他快，只有坚持爬下去才有可能赢。于是，他不停地往前爬，只差一点了……终于到了。

兔子呢？他还在睡觉呢！兔子醒来后一看，哎呀，不得了！乌龟已经爬到大树底下了。兔子一看可急了，急忙赶上去可已经晚了，乌龟已经赢了。

品散文：《绿》

这平铺着，厚积着的绿，着实可爱。她松松的皱缬着，像少妇拖着的裙幅；她轻轻地摆弄着，像跳动的初恋的处女的心；她滑滑的明亮着，像涂了"明油"一般，有鸡蛋清那样软，那样嫩，令人想着所曾触过的最嫩的皮肤；她又不杂些儿渣滓，宛然一块温润的碧玉，只清清的一色——但你却看不透她！

我曾见过北京什刹海拂地的绿杨，脱不了鹅黄的底子，似乎太淡了。我又曾见过杭州虎跑寺旁高峻而深密的"绿壁"，重叠着无穷的碧草与绿叶的，那又似乎太浓了。其余呢，西湖的波太明了，秦淮河的又太暗了。

可爱的，我将什么来比拟你呢？我怎么比拟得出呢？大约潭是很深的，故能蕴蓄着这样奇异的绿；仿佛蔚蓝的天融了一块在里面似的，这才这般的鲜润呀。——那醉人的绿呀！我若能裁你以为带，我将赠给那轻盈的舞女；她必能临风飘举了。我若能挹你以为眼，我将赠给那善歌的盲妹；她必明眸善睐了。我舍不得你；我怎舍得你呢？我用手拍着你，抚摩着你，如同一个十二三岁的小姑娘。我又掬你入口，便是吻着她了。我送你一个名字，我从此叫你"女儿绿"，好么？

宝宝，妈妈想告诉你：

宝宝，只要有善于发现美的眼睛，你会发现身边处处都有美丽的风景。宝宝，大自然的美总是在无形之中无限蔓延，只要用心，就能时刻发现并迎接大自然的美好！

运动胎教

随着妊娠的时间越来越长,从现在开始准妈妈就应该为分娩做一些准备了。为了顺利地分娩出宝宝,为了让宝宝能得到最全面的营养,为了让自己更健康,准妈妈们,跟着动起来吧!

盆骨底肌肉锻炼

孕七月时,盆底肌肉的锻炼可以加强膀胱、尿道及阴道周围的肌肉,使妈妈在分娩时,能有效地将胎儿推出产道,从而减少准妈妈分娩时的痛苦。准妈妈从现在起,就要开始锻炼啦!

首先,排空小便。由于骨盆底肌肉锻炼的过程中可能会压迫到膀胱,所以在锻炼前准妈妈一定要排空膀胱。

然后,找到盆骨底肌肉的位置。当你紧闭并提拉阴道和肛门,感到收紧的位置就是盆骨底肌肉了。如果还是无法找到的话,不妨试试将一根干净的手指放入阴道,然后开始收紧肛门和阴道,当手指有挤压感时,那挤压手指的肌肉就是盆骨底肌肉了。

最后,准妈妈先跪在床上,双腿微微打开,然后将臀部慢慢坐在双脚上。保持自然呼吸,全身都放松下来,保持腹部松软不紧绷。开始收紧盆底肌肉,坚持8~10秒之后放松,然后再收紧,这样反复同样的动作即可。

刚开始做的时候不要心急,循序渐进,准妈妈可以通过逐渐增加练习次数以及适当地延长收紧盆骨底肌肉的时间以达到锻炼骨盆底肌肉的目的。

健美胸部按摩法

胸部的按摩，可增强准妈妈乳晕、乳头对哺乳刺激的耐受性。如果准妈妈能长期坚持的话，不仅可促进乳汁的分泌与恢复，还能防止胸部下垂。所以准妈妈们，赶紧学起来吧！

首先，准妈妈可保持半坐位，先将右手放在左侧腋窝附近，左手放在右手手背上，以肩部为中心，开始轻轻地活动手肘，右手则按照从左到右的方向轻柔地按摩左侧乳房。按摩的力度以不感到疼痛为标准。

然后，右手手掌弯成"C"字形状，轻轻地托住左侧乳房，然后左手轻轻地按压在右手手背上，以肩膀为中心，缓慢有节奏地上下推动乳房。

最后，换右侧乳房，重复上述操作即可。

健美胸部的按摩最好在睡前进行，这样不仅有利于胸部血液循环，还能有效地促进睡眠。同时，准妈妈在按摩的过程中要密切关注自己的身体反应，尽量不要刺激乳头和乳晕，容易引起宫缩。如果出现宫缩频繁，要马上停止按摩。

缓解便秘运动法

在妊娠期间，由于子宫不断变大会压直肠部，可能会导致孕妈妈便秘，现在介绍一种利用活动腰部来刺激肠部、缓解便秘的运动，孕妈妈在家可以试一试。

旋转骨盆：准妈妈正面站立，两脚打开与肩同宽，伸直背肌，膝盖轻度弯曲，把手放在胯骨附近，让上半身保持稳定，然后开始慢慢左右旋转骨盆，幅度以自己感觉舒适为佳。

纵向活动骨盆：准妈妈浅坐在椅子上，伸直背肌，两脚张开使上半身保持平稳，一边慢慢吐气，一边弓着腰让身体靠近椅背，然后吸气，接着重复上面的动作即可。

侧压骨盆：准妈妈取坐位，左腿尽量向左侧打开，右腿屈曲收回，尽量将右腿脚心放在左腿根部。边吐气边慢慢向左侧倾倒，慢慢倒下后吸气，接着重复上面的动作，以8次为基准，左右交替进行。

准爸爸胎教

准爸爸一直都是准妈妈跟胎宝宝的依赖,当准爸爸的手轻轻抚摸着妻子的肚子时,准妈妈跟胎宝宝都能感受到其中的深切爱意。所以,准爸爸有空就多数一数宝宝的胎动,通过触碰告诉宝宝你爱他或她。

数一数宝宝的胎动

其实准妈妈早已感受到了胎宝宝的活动,胎动不仅代表着宝宝在子宫内的活跃性,也反映了胎宝宝的健康状况。现在,准爸爸就可以帮助准妈妈坚持每天数一数胎宝宝的胎动次数。

正常的胎动是1小时3~5次,或12小时的累积胎动为30~40次,这说明胎宝宝的情况比较正常。如果1小时内胎动的次数少于3次或12小时累积胎动少于20次,则说明胎宝宝可能出现了缺氧,此时准妈妈可采取左侧卧位,增加宝宝的供氧量。如果得不到改善的话,要尽快去医院检查。

那数胎动要注意些什么呢?如何才能数得准?准爸爸可得好好学习一下了。

首先,要选好时间。在子宫内生活的时间久了,胎宝宝也形成了自己的习惯,有固定的休息和活动时间,当宝宝休息的时候,胎动的次数自然就减少了。所以数胎动最好是在饭后1~2个小时进行,此时胎宝宝的活动比较频繁。

其次,数胎动时要保持安静。数胎动的时候,准妈妈最好处于安静的状态,不管是外部环境,还是内心状态,采取左侧卧位,思想集中,确保胎动次数记录的准确性。

最后,要注意胎动次数的计算。若连续胎动或在同一时刻感到多处胎动,只能算作一次,得等胎动完全停止后,再接着计数。当准

妈妈咳嗽、活动等动作影响下产生的胎动也不能算数，因为胎动是胎宝宝在妈妈肚子里的主动运动。

在数胎动的过程中，准爸爸可一定要有耐心，就当是仔细阅读胎宝宝每次报平安的家书呢！

准爸爸的抚摸胎教

抚摸胎教可以锻炼胎宝宝对触觉的感应，并通过触觉神经感受到体外的刺激，从而促进胎宝宝大脑的发育，加快胎宝宝的智力发展；同时，抚摸胎教还能激发起胎宝宝活动的积极性，促进运动神经的发育。

准爸爸在进行抚摸胎教时，不仅能让胎宝宝感受到爸爸、妈妈的爱，还可以放松准妈妈的心情，使一家人的感情更加融洽。因此，准爸爸的抚摸胎教对宝宝是很重要的！

准爸爸可选择每天在固定的时间抚摸胎宝宝，在抚摸过程中通过轻轻地按压，把这种压力通过腹壁传递给胎宝宝，让其产生触觉和压力感受。这样可以刺激到胎宝宝的触觉感应，可以激发宝宝的活动性，让其产生活动。所以，在准爸爸进行抚摸胎教的过程中，宝宝是能给出反应的哦。

在准爸爸抚摸胎宝宝的过程中，可以呼唤胎宝宝的小名，给胎宝宝讲故事或者是唱歌。准爸爸的声音能让宝宝产生更大的安全感，加上外在抚摸产生的触觉，相信胎宝宝会愿意与准爸爸有更多的互动。同时，还可以通过手指制造出音乐的节拍，让宝宝充满安全和舒适。

经常受到抚摸的胎宝宝，对外界环境的反应也比较机敏，出生后翻身、抓握、爬行、坐立、行走等大运动发育都能明显提前。但并不是所有胎宝宝都适合抚摸胎教，一般有先兆流产、子宫不规律出血，或曾有过流产、早产、难产、产前出血等产史的准妈妈不宜进行抚摸胎教，避免在进行抚摸的过程中引起子宫收缩，导致意外的发生。

意念胎教

准妈妈和准爸爸只能偶尔通过医生的B超看到宝宝,当然不会满足。所以,准爸妈都会好想念胎宝宝呀。那不如通过另一个空间,大声跟孩子说我爱你吧!

梦见宝宝

常有"日有所思,夜有所梦"这种说法,其实在梦中能够尽情地与宝宝接触、对话等,也是一种与胎宝宝建立亲密关系的方式。

那怎样才能梦见宝宝?并和他或她好好地沟通呢?

首先,准妈妈要营造一个幸福的氛围。温馨的房间,墙上挂着与伴侣的恩爱照片,两个人依偎在一起,边上是一张可爱的宝宝图。窗台上摆着准爸爸买回来的盆栽,已经开出了几朵月季,偶尔会有蝴蝶飞来停息。衣柜里已经买了好些宝宝出生要穿的衣物,小小的袜子、可爱的外套……桌边还摆着刚刚给宝宝讲过的童话故事书,摊开的正是白雪公主的故事呢!

拉上窗帘,调好卧室的温、湿度,舒服地躺在大床上,边抚摸肚子边对宝宝说:"宝宝,今天和妈妈在梦里相见吧!"手上可以把玩着宝宝的小鞋子,想象着他或她的小脚穿进去的样子,然后集中注意力,将一切与之无关的念头都抛诸脑后,开始想象着与宝宝相见的场景。如果可以的话,就将你想与宝宝说的话写在本子上吧,这样你就为梦里的相见做好准备了。做完这一切之后关掉灯,心里想着宝宝,想着要在梦里相见,然后慢慢进入梦乡。

当你睡醒之后,可以先闭着眼睛回想一下之前做的梦,集中精神一直回想,直到有出现你跟宝宝的画面,然后睁开眼睛将这个梦记录下来。尽可能将每一个细节记录下来,这也算是你跟宝宝的特殊记忆吧!

其实,不管你的梦是什么样的场景,在梦里你都应该表达了对宝宝最真挚的情感,当情

感通过梦境的影像表达出来之后，相信母亲和孩子的感情将会越来越深。

自我催眠

随着怀孕的进展，相信准妈妈会将越来越多的时间放在这个未出生的小家伙身上。但如果你还要兼顾忙碌的工作，照顾其他家庭成员，那在无形之中，你跟胎宝宝的交流就变少了。自我催眠是一种快速进入深度放松阶段的好方法，这样准妈妈就能通过最少的时间，让自己得到最好的休憩了。

准妈妈可以先选择一个合适的时间，确保自己可以处于完全放松的情形下。然后选择一张宽大的椅子，可以舒适地躺在上面，在摆好舒适的体位之后，开始注视你视野里的三样东西，如自己喜欢的照片、手边的一本书、挂在墙上的时钟。任何的三样东西都可以。

当注意到这三样东西之后，再将注意开始转换成自己身上的三种感觉。如你用手指触摸皮肤的感觉、你呼吸时胸廓起伏的感觉、吃了巧克力时甜腻的感觉。任何三种感觉都可以。

当注意力集中在这三种感觉之后，再将注意力转移到四周可能出现的三种声音上来。可以是时钟的滴答声、风吹树叶的哗啦声、窗外的鸟叫声。任何三种声音都可以。

现在慢慢闭上双眼，用心灵的眼睛看三样东西中的两样；感受三种感觉中的两种感觉；听三种声音中的两种声音。最后，集中注意力只感受视觉上的一种，感觉上的一种以及声音上的一种。

现在准妈妈已经处于完全放松的状态了，这段时间可以让自己极度放松，可以沉浸于梦境、思考下人生、做一段观想练习等。在自我催眠的状态下感受一下自我，这种深层放松的感受可以通过意识的传递，让胎宝宝也感受一下。

营养胎教

为了使胎宝宝能健康成长，准妈妈要在饮食上多下点功夫。要减少盐的摄入，补充点钙质，多吃些新鲜蔬果，偶尔也吃点粗粮，准妈妈的饮食需要根据身体的需求做出变化，希望胎宝宝快点长大！

减少准妈妈食物中的盐分

由于胎盘分泌的激素及肾上腺分泌的醛固酮增多，造成体内水钠的潴留，加上子宫对腹部血管的压迫，使下肢血液回流不畅，使得准妈妈下肢容易水肿。为了减轻准妈妈水肿的情况，除了促进下肢血液循环之外，还应减少食物中的盐分。

咸菜和虾酱等腌制的食物，准妈妈尽量少吃，这些食物不仅营养价值低，还会让机体摄入大量的盐分，从而加重水肿。对于血压偏高的准妈妈来说，更会加重症状，甚至会给心脏带来沉重的负担。即使是普通人也应该少食过咸的食物。

有些准妈妈在怀孕之后，可能会出现食欲下降的情况，希望吃一些咸、辣的食物来刺激味蕾，以促进食欲，但是这种方法只是享了一时之快，是不可取的。准妈妈可以多吃一些带有自然馨香的果蔬，不仅可以增加维生素的摄入，还能促进消化、增强食欲。盐的食用量每天不宜超过6克，大约就是一酒瓶盖的量，准妈妈要记住，千万不能多吃。

补充钙质，促进胎宝宝筋骨的发育

在孕中期，随着胎儿生长发育的加快以及准妈妈体内各器官功能状况和物质代谢的显著变化，对钙的需要量也随之增加，此时若不注意补钙，便会造成孕期缺钙，从而出现一系列临床症状，例如小腿肌肉痉挛、抽搐。同时也会严重影响到胎宝宝骨骼的发育。

准妈妈在日常饮食中要注意增加钙的摄入，牛奶、豆类和豆制品、坚果类、芝麻、虾皮、蟹、蛤蜊、蛋类、海带、紫菜等都是富含钙的食品。同时，还应该少吃含草酸多的菠菜、竹笋和葵白，以防钙和草酸或植酸形成难溶解的草酸钙或植酸钙，而妨碍吸收。

有半数以上准妈妈在孕中期会出现小腿抽筋的现象，尤其是晚上睡觉时。怀孕后身体对钙的需求量增加，钙和维生素D不足也会造成抽筋。普通女性平均每天需要400毫克钙，怀孕后，尤其在孕晚期，每天钙的需要量增为1200毫克。小腿抽筋属于轻度缺钙的表现，严重时还会引起手足抽搐。所以，食物中增加钙的含量不仅能促进胎宝宝骨骼的发育，还能改善准妈妈小腿抽筋的现象。

多吃新鲜蔬果

人每天除了吃些五谷杂粮和蔬菜之外，多吃些水果对我们的身体健康有着很大的帮助。对于准妈妈来说，多吃新鲜蔬果也是必需的。

首先，多吃新鲜蔬果能补充人体所需的维生素C，可预防口腔疾病。孕期发生的口腔问题，不仅会危害准妈妈的身体健康，还会威胁胎宝宝的安全。饮食方面应尽量避免摄入不利于口腔健康的食物，如蛋糕、甜面包、糖果、饼干、含糖饮料等甜食。多吃蔬菜水果，甚至可以用水果代替零食，因为水果中的纤维素可以帮助清洁牙齿。

其次，多吃水果可保养皮肤。水果中含丰富的抗氧化物质维生素E和微量元素，可以滋养皮肤，其美容效果可不是一般的化妆品可比的。水果中含有丰富的维生素、铁、镁等营养元素，这些物质均有利于皮肤红润、有弹性。其中维生素C能抑制黑色素的形成。为了保养皮肤可多吃猕猴桃、橙子、苹果、甜椒、西蓝花、冬枣等食物。所以，爱美的准妈妈一定要多吃。

除此之外，多吃蔬果还能预防疾病。由于水果中含有很多维生素、微量元素，能提高机体免疫力，可以用来预防疾病。

孕期食谱

排毒养颜、补充铁质、促进新陈代谢

虾菇油菜心

◀原料▶ 小油菜100克，鲜香菇60克，虾仁50克

◀调料▶ 盐、鸡粉各3克，料酒3毫升，水淀粉、食用油各适量，姜片、葱段、蒜末各少许

◀做法▶ ①将香菇洗净切小片；虾仁洗净去虾线，放所有调料腌渍入味。②锅中注水烧开，放盐、鸡粉，倒入小油菜、香菇焯水，捞出备用。③锅中注油烧热，爆香姜片、蒜末、葱段，倒入香菇、虾仁炒匀，加料酒、盐、鸡粉调味，炒至食材熟透。④盘子摆上小油菜，盛放上食材即可。

★★ 营养功效 ★★

小油菜有助于排出体内的毒素，改善人体的新陈代谢。小油菜还含有铁元素，准妈妈食用小油菜，有补铁的食用价值。

补益气血、增强体质、改善食欲

浇汁莲藕

◀原料▶ 莲藕120克，葱花少许

◀调料▶ 盐2克，白糖5克，番茄酱25克，白醋10毫升，食用油、水淀粉各适量

◀做法▶ ①将莲藕去皮洗净切成片，浸入清水中，备用。②锅中注水烧开，淋入少许白醋，放藕片煮至断生，捞出备用。③锅中注油烧热，注入清水，撒上白糖、盐、番茄酱拌匀，煮至溶化，倒入水淀粉制成稠汁，下入藕片煮至入味。④关火后盛出菜肴，撒上葱花即可。

★★ 营养功效 ★★

莲藕富含铁、钙等微量元素，植物蛋白质、维生素也很丰富，能补益气血，增强体质。本品对准妈妈和胎宝宝的健康很有帮助。

帮助消化、补充蛋白质、提高免疫力

番茄肉末蒸日本豆腐

原料 西红柿100克,日本豆腐100克,肉末80克,葱花少许

调料 盐3克,鸡粉2克,料酒3毫升,生抽4毫升,水淀粉、食用油各适量

做法 ①将日本豆腐切成棋子状小块;西红柿洗净切丁。
②用油起锅,倒入肉末炒匀,加料酒、生抽、盐、鸡粉调味,放入西红柿翻炒,倒入水淀粉勾芡制成酱料。
③取蒸盘,放上日本豆腐,铺上酱料,放入烧开的蒸锅蒸熟,取出后撒上葱花,再浇上热油即可。

★★ 营养功效 ★★

西红柿含有维生素C、柠檬酸和糖类,可帮助消化、调整胃肠功能。豆腐可为准妈妈及胎宝宝提供优质蛋白,增强免疫力。

抵抗衰老、提高记忆、促进骨骼发育

紫菜虾米猪骨汤

原料 干紫菜5克,猪脊骨500克,虾米、姜片、葱花各少许

调料 盐3克,鸡粉3克,料酒5毫升,食用油少许

做法 ①将干紫菜、虾米洗净,泡软;猪骨洗净,斩成块备用。
②锅中注水烧开,放入猪骨,淋适量料酒,汆水后捞起备用。
③锅中注水烧开,放入猪骨、虾米和姜片,用大火煮20分钟后,转小火煲1个小时,放紫菜再煲半小时,下葱花和盐调味即可食用。

★★ 营养功效 ★★

紫菜富含钙、B族维生素,有抗衰老和提高记忆力的功效。本品可增加准妈妈钙的吸收,促进胎宝宝骨骼的发育。

补充营养、抗氧化、缓解水肿

葡萄柚猕猴桃沙拉

◀原料▶ 葡萄柚200克,猕猴桃100克,圣女果70克

◀调料▶ 炼乳10克

◀做法▶ ①将猕猴桃洗净去皮切片;葡萄柚去皮切小块;圣女果洗净后切小块。
②把切好的葡萄柚、猕猴桃装入碗中,挤入适量炼乳拌匀。
③取一个干净的盘子,摆上圣女果装饰,将拌好的沙拉装入盘中即可。

★★营养功效★★

葡萄柚含有膳食纤维、维生素及钾、钙、镁、铁等营养物质。本品不仅能为准妈妈提供丰富的营养,还能缓解水肿的症状。

缓解疲劳、补充能量、抗衰老

紫薯南瓜豆浆

◀原料▶ 紫薯100克,南瓜100克,水发黄豆120克

◀调料▶ 矿泉水适量,冰糖25克

◀做法▶ ①将洗好去皮的南瓜、紫薯切成丁。
②取榨汁机,倒入洗净的黄豆,加入适量矿泉水,榨取豆浆。
③往砂锅中注入适量清水烧开,倒入紫薯、南瓜拌匀,用小火煮至食材熟软,放入冰糖,倒入榨好的豆汁。
④将煮好的豆浆盛出,装入碗中即可。

★★营养功效★★

紫薯含有淀粉、果胶、纤维素、花青素、多种维生素及矿物质。本品可为准妈妈提供能量,缓解准妈妈的疲劳。

Part 8

第七个月：告诉我，外面的世界有多美

宝宝七个月了，想象着宝宝出生以后的样子，准妈妈的心中都洋溢着满满的幸福感，宝宝在妈妈肚子里欢快地成长，当然妈妈和爸爸都不能偷懒，准妈妈要以科学的方法给宝宝的成长创造更多更好的资源和环境，准爸爸呢就要成为妈妈的得力助手。

孕七月，准妈妈和胎宝宝都有哪些变化呢？这个月准妈妈最该注意什么呢？本章节不仅对孕七月的营养作出详细介绍，同时对孕妈妈心理的呵护、宝贝大脑的开发作出具体讲解，一起来了解孕七月如何进行科学胎教吧！

准妈妈和胎宝宝的变化

怀孕七个月,胎宝宝对光、声音、外界环境有了更加敏锐的反应,而这些都离不开准妈妈毫不吝惜的物质和精神输入,此时的准妈妈已极具孕态,肚子更具沉重感,生活上的不便也增多起来。

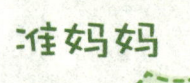

准妈妈

怀孕第七个月,由于胎盘增大、胎宝宝的成长和羊水的增多,准妈妈的体重在迅速增加,每周可增加500克左右,肚子上、乳房上会出现一些暗红色的妊娠纹,从肚脐到下腹部的竖向条纹也愈加明显。在这段时间妈妈的胃口会比之前的几个月都要好,孕吐的反应也会减轻许多。

此时从外观上已能看出准妈妈的体态发生了明显的变化,日渐增大的胎宝宝已经使准妈妈的肚子有了明显的沉重感,身体的动作因此而显得笨拙、迟缓。由于腹部向前挺得更为厉害,身体的重心移到腹部下方,准妈妈完全呈现出一副孕妇的体态,只要身体稍微失去平衡,就会感到腰酸背痛。而且,有时这种疼痛会放射到下肢,引起一侧或双侧腿部疼痛。

由于体态笨重,身体会重心不稳,眼睛无法看到脚部,准妈妈在上下楼梯时必须十分小心。这段时间的准妈妈要格外注意,因为此时如果受到外界过度刺激会有早产危险,所以应避免激烈的运动,不宜做压迫腹部的姿势,长时间站立、压迫上半身,很容易造成静脉曲张或足部浮肿,时常把脚抬高休息,比较能避免这些症状,若出现静脉曲张,应穿着弹性袜来适当减轻症状。

胎宝宝

胎宝宝七个月了，体重还在不断增加，虽然体型大致发育完善，但是皮下脂肪还在不断补充，表面皮肤很薄且有不少的皱纹，不像出生后的宝宝那般光洁，这也是正常的生理过程转变。

七个月的胎宝宝身长约35~38厘米，体重约1000~1200克，头发也已经长出来，皮肤由暗红色转为深红，胎宝宝的眼睑轮廓也更为清楚，眼睛能睁开了，内脏器官的发育除心脏外已趋向成熟。

此时胎宝宝的四肢已经相当灵活，甚至可在羊水里自如地"游泳"，由于宝宝逐渐长大，几乎充满了整个子宫，他或她的活动越来越少，但是胎动的强度会有所加强，而且胎宝宝现在还在努力地练习做一呼一吸的类似呼吸运动。

给爸爸妈妈的信

亲爱的爸爸妈妈：

我已经七个月了，待在妈妈的肚子里很舒服哦，感谢爸爸和妈妈给予我的精心呵护！现在我要报告你们我目前的状态，我现在很健康，还长出了长长的头发。

自从进入第七个月，我知道爸爸和妈妈一边为我的健康成长欣喜不已，一边也无时无刻不在担心着我的情况，生怕我一调皮就早早地出去了，请爸爸妈妈放心，我是一个很懂事的好孩子，妈妈的子宫很温暖，妈妈给我的营养也很充足，我会耐心等待，长得强强壮壮的再去与你们见面。

情绪胎教

准妈妈在怀孕期间心情越舒畅,宝宝出生以后性格也会越开朗,情绪胎教不仅是保障孕期母子心理健康的重要方法,同时决定着母子关系的和谐与否以及孩子后天心理素质及心理健康。

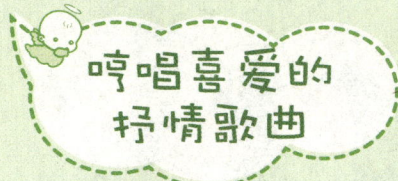

哼唱喜爱的抒情歌曲

怀孕七个月的准妈妈由于肚子有明显的沉重感,会很容易感觉累,心情有时也会突然郁闷,甚至会感觉怀孕生活有些压抑。

为了避免这些情况的发生,准妈妈可以用哼唱歌曲的方式让自己心情放松。唱歌除有相当高的艺术价值之外,还有很大的健康价值,不仅能让准妈妈心情愉快,而且还能增强身体的免疫能力,是保持身心健康的一剂"天然良药"。

此外,唱歌也是人类自古以来的一种本能,更是人们表达情感的好方式,胎宝宝通过准妈妈的哼唱,可以得到来自妈妈的信息,这样可以促使其发育过程中产生积极的心理变化,胎宝宝的发育也会更加健康。

准妈妈在哼唱抒情歌时,不仅可以使自己的心情和谐宁静,同时通过从歌曲中感受到的意象和寓意更加热爱生活。

比如准妈妈可以在小树林或是公园中一边散步一边歌唱,这是一种非常愉悦心灵的情绪胎教法。

一边歌唱,一边从歌词中体会着各种人生韵味,聆听来自大自然的各种声音,感受生命最美好的韵味。看着树木成长是否会发出无限的感慨;凝望着绿绿的树叶,是否感觉所有的生命都鲜活起来;抚摸着强壮的树干,是否能感受到宝宝健康的心跳。一边唱着大自然的赞歌,一边闻着花的芳香,

心情变得无限舒畅，此刻拥抱着的小树，仿佛就是将要出生的宝宝。

此刻心潮荡漾，感觉宝宝将会像树木一样健康成长，将会像树木一样扎实和善良，把生命植根于泥土，把爱恋撒到大自然中去。

推荐准妈妈哼唱的歌曲如：《小路》《大森林的早晨》《高高的白杨》《小白杨》等。

插花——高雅的心灵启示录

很多准妈妈在孕七月都会遇到这样一个问题——很闲，闲得不知道干什么，最后闲着闲着就闲出郁闷、闲出委屈，而插花不仅可以帮助准妈妈打发无聊的时间，同时可以愉悦心情、陶冶情操，培养艺术细胞，可谓一举数得。

插花是根据一定的构思选材，遵循一定的创作法则，将花插成一个优美的形体，借此表达一种主题，传递一种感情和情趣，使人看后赏心悦目，获得精神上的美感和愉快。

插花拥有无限的魅力，它比较注重画面的完整统一、环境和谐。插花给人以极美的享受：花材之间的有机结合，容器与造型的浑然一体，几座与配件搭配得天衣无缝，题跋的搭配以及多层次的欣赏方式等等，都能让准妈妈体验到很多生动的美。

插花以"花"作为主要素材，在瓶、盘、碗、缸、筒、篮、盆等七大花器内造化天地无穷奥妙的一种盆景类的花卉艺术，其表现方式颇为雅致，逼真生动，且富有层次感，娇美的花朵高雅而清新，配上别致的花盆，更令人着迷。

插花对准妈妈和胎宝宝有许多的好处。"赏花乃雅事，悦心又增寿"，赏花是一项有益于身心健康的活动，鲜花不仅是美的象征，更是人类天然的"保健医生"。五彩缤纷的花卉，能调节人的情绪，如红色能促进人的食欲，绿色可起到稳定情绪、除焦虑、消除视觉污染、保护眼睛作用，紫色能使准妈妈心旷怡静。

花香沁人心脾，忧愁、焦虑、苦恼自然烟消云散，插花能让准妈妈的心情宁静安详，而这些胎宝宝都能感受的到。

语言胎教

语言胎教主要是为了给胎宝宝声音刺激,让胎宝宝大脑发育得更加完善,七个月的胎宝宝已经初具辨别声音的能力,妈妈亲昵的语言、简单而又充满寓意的故事,会让宝宝将来更聪明。

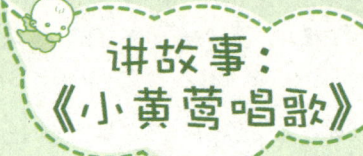

讲故事:《小黄莺唱歌》

在一个非常漂亮的树林里住着一只小黄莺。小黄莺唱起歌来可好听了,但是她很害臊,怕人家听见她唱歌的声音。

在一个树林联欢会上,小黄莺才唱了几句,就再也唱不下去,红着脸跳到后台去了。

从这之后,大家见到小黄莺都会说:"小黄莺,真害臊,唱歌只唱一半。"

小黄莺气馁,对妈妈说:"我以后再也不唱歌了。"

黄莺妈妈说:"人家笑话你,是你不好哇,你要多练练,胆子就会大起来。"

小黄莺听妈妈的话,天天练习唱歌。

大家继续嘲笑她,但是小黄莺不在乎这些,继续唱啊,唱啊,越唱越好听。

终于,联欢会开始了,小黄莺第一个上台表演,唱得非常好听,大家都非常高兴地给她鼓掌!

从此,小黄莺唱歌就不害臊了。

宝宝,妈妈想告诉你:
赞美是对人的尊重,更是对人的鼓励,我们因为别人的赞美变得更加美好、强大,当我们听到赞美的声音后,内心会涌出更多的能量,做更好的自己。

讲故事：
《风娃娃的故事》

风娃娃长大了，风妈妈说："到田野上去吧，去了那里，你可以帮助人们做许多的好事。"

风娃娃来到田野上，看见一个大风车正在慢慢转动，风车下边，一股湍湍细水断断续续地流着。风娃娃深深吸了一口气，鼓起腮，使劲向风车吹去。哈哈，风车转快了！风车下的水流立刻变大了，奔跑着、跳跃着，向田里流去。秧苗儿挺起了腰，点着头笑，风娃娃高兴极了。

河边，许多船工正拉着一艘帆船前进。船工们弯着腰，流着汗，喊着号子，可是，船却走得慢极了。风娃娃看见，急忙赶过去，用更大的力气对着船帆吹起来。船在水面上飞快地跑起来，船工们笑了，一个个都回过头来，向风娃娃表示感谢。

风娃娃想：帮助人们做好事多容易啊，有力气就行！

他这么想着，不觉地就来到一个公园里。那里，几个孩子正在放风筝。风娃娃看见了，赶紧过去帮着吹。他像吹风车那样用力，像吹船帆那样使劲。结果，把风筝线吹断了，几只风筝都让他扯得粉碎，飞得无影无踪了。

就这样，风娃娃吹起了地上的尘土，折断了路边新栽的小树……公园里，一片责骂声，都说风娃娃太可恶！

风娃娃不敢再去帮助人们做事了，他在天上转着、想着，想来想去，最后终于想明白了：原来做好事，不但要有好的愿望还得有好的方法呀！

宝宝，妈妈想告诉你：

宝贝啊，你需要知道，做事情是讲究分寸的，帮人也要从对方的需要出发，而不是怀揣着一颗好心，帮出了倒忙，我们应该在别人需要的时候给予最恰当合适的帮助。

运动胎教

准妈妈适时、适当地进行体育锻炼,不仅能增强体质,提高腰背肌和盆底肌的张力和弹性,使其关节、韧带松弛柔软,有利于正常妊娠及顺利分娩,同时还可以促进胎儿大脑及肌肉的健康发育。

准妈妈呼吸操

仰卧腹式呼吸

准妈妈躺在床上,膝盖稍微弯曲,两脚轻松分开,双手轻放在下腹部两侧,两拇指位于肚脐正下方,小指位于耻骨联合上3~4指远,围成三角形,排除杂念把所有的意念集中到呼吸上。

深呼气,用鼻子深深吸一口气,吸气时使下腹部隆起,当不能再吸气时,慢慢地用嘴呼出气体,呼气时同时使下腹部凹陷恢复原状。

侧卧腹式呼吸

孕妇侧卧在床上,两膝轻松自然弯曲,身体下方的手向上弯曲,手掌放在脸旁,上方的手轻轻放在下腹部,然后如仰卧腹式呼吸方法,用鼻子深吸一大口气,使下腹部鼓起,不能再吸气时再慢慢用嘴呼气,使下腹部恢复原状。

仰卧腹式呼吸

仰卧后膝盖弯曲,双手交叉握在胸前,先吸气后用鼻快速短促地重复呼吸五次,口微微张开,慢慢呼气,重复练习。

平坐腹式呼吸

平坐在椅子或毯子上,手抚摸着腹部,深呼气,用鼻子深深吸一口气,当不能再吸气时,慢慢地用嘴呼出气体,重复几次。

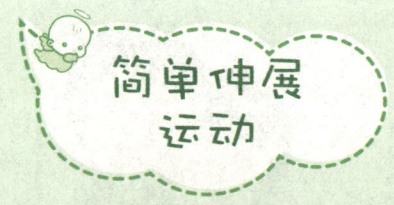

简单伸展运动

💚 坐姿划船

锻炼部位：背部肌肉。

主要锻炼：背阔肌，大圆肌，三角肌后部，肱二头肌。

锻炼方法：平坐在椅子上，双手向后拉固定在前方的橡皮筋，来回水平运动。吸气，用力拉橡皮筋至胸廓下部，挺胸，将橡皮筋拉向身体的同时，肘部尽量向后，动作完成时呼气，这是训练背肌的良好方式。

注意事项：练习时要保持腰背平直，动作不宜过快，拉伸幅度也不要过大。

🍓 坐姿拉背

锻炼部位：背部肌肉。

主要锻炼：背阔肌。

锻炼方法：平坐在椅子上，双手向下拉固定在头顶的橡皮筋。吸气，从头上方位置垂直下拉橡皮筋至颈后与肩平，或者从头上方位置垂直下拉橡皮筋至胸前，稍停2~3秒钟；然后呼气，沿原路缓慢还原；重复做。每个动作重复15次左右，每天一次。

注意事项：下拉的时候肩部肌群要放松，动作还原时不要耸肩，否则会影响背阔肌的受力；身体不要前后摆动，身体要始终保持与地面垂直的状态。

此运动可以有效增强臂力及背部肌肉力量，令准妈妈生产时臂肌和背肌能够均匀用力，有助于顺产。

❀ 随意操

锻炼部位：全身。

主要锻炼：四肢及腰背。

锻炼方法：在家里或外出散步时，可以轻轻抬抬脚或扭扭脚脖子，甩甩胳膊或转转肩部与肘部，平举胳膊上下活动手腕，扭扭脖子转转脑袋等，以活动筋骨、减少疲劳；或者按摩按摩头部、颈部、肩部、腰部以舒舒筋骨，放松肌肉。

注意事项：动作不要过大，不要太猛，要注意保护宝宝，不要让自己感觉很疲劳。

准爸爸胎教

准爸爸在宝宝的胎教中扮演着重要的角色,如果准爸爸能和准妈妈一起参与胎教,那对胎儿的成长是非同一般的。准爸爸帮助准妈妈创造温馨和谐的家居环境,是对宝宝进行情绪胎教的基础。

准爸爸当好妈咪的营养师

孕七月,胎宝宝体内需要贮存的营养素增多,准妈妈对营养的需要也达到高峰,为此,准爸爸需要在营养上多下功夫,注意核算每日妻子饮食的营养量,保证营养平衡。

准爸爸需要知道,进入孕七月,孕妈妈对营养的需求比之前还要大,而且饮食结构也需要作出相应的调整,此时要减少饱和脂肪和碳水化合物的摄入,不要让准妈妈吃太多的主食,以免胎儿过大,影响分娩,但是主食也不能吃得太少,以免造成营养不均衡。

此时的准妈妈有时会突然想吃某样东西,希望准爸爸能尽力帮忙实现,但是也不能由着性子让妻子一直吃,比如有些准妈妈喜欢吃辣,不吃辣就吃不下饭,准爸爸要想办法安抚。

因为孕期本来就容易便秘,如果吃辣椒尤其是干辣椒太多,反而更易加重病情,便秘时用力屏气,腹压加大,使子宫、胎儿、血管局部受挤压致供血不足,易引起血压增高、流产、早产或胎儿畸形。而且,辛辣物质不仅影响孕妈妈的健康,同时会随着母亲的血液循环进入胎儿体内,可能会刺激到宝宝,给胎宝宝造成不良影响。有的准妈妈喜欢吃过酸的食物,但是过酸容易引起胃酸过多,可以吃但是准爸爸要监督准妈妈别吃太多。

妈咪最贴心的保健监护师

准妈妈怀孕七月，此时准爸爸做好家庭监护就具有非常重要的意义，准爸爸要像守卫公主的骑士一样，给予准妈妈最贴心的保护。尤其是在孕七月，准妈妈如果受到外界过度刺激会有早产危险，请准爸爸尽量陪着心情容易紧张的准妈咪一起去做定期产前检查，因为不仅可以了解胎宝宝的发育情况，而且能及时发现异常，从而快速就医。

此外，准爸爸还应和妻子一起参加产前培训课程，了解有关分娩的正确知识，还要和妻子谈心，交流彼此的感觉，帮妻子克服心理上的恐惧和无助情绪。准爸爸不仅要给予妻子舒适的生活，同时要注意妻子心情的变化，尽量让准妈妈保持愉悦的心情。

准妈妈怀孕七月很容易感到腰酸背痛，准爸爸要记得经常帮妻子按摩，揉揉后背、肩，按摩脚和腿，以减轻她的酸痛不适。

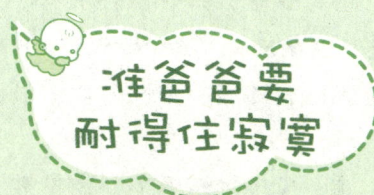

准爸爸要耐得住寂寞

进入孕七月，准妈妈的腹部突然膨胀起来，时常会感到腰痛，懒得动弹，性欲减退。此阶段胎儿生长迅速，子宫也明显增大，对任何外界刺激都非常敏感，因此怀孕七个月要避免机械性的强刺激，此时性生活容易引起孕妇早期破水，导致早产和造成宫内感染，甚至引起产后感染等严重后果。

对于准爸爸来说，从这个月到准妈妈分娩前的时间是最应该忍耐和克制的时期，与妻子的接触只限于温柔的拥抱和亲吻，禁止具有强烈刺激的行为。为了不影响准妈妈和胎宝宝的健康，夫妻间不但要学会克制情感，而且最好分开睡，以免产生不必要的性刺激。若一定要有性生活，必须节制并注意体位，还要控制性生活的频率及时间，动作不宜粗暴。

意念胎教

准妈妈和胎宝宝具有心理与生理上的相通，意念胎教是通过准妈妈积极展开美好的联想，在意识中形成令人愉悦的意念，转化、渗透在胎宝宝的身心感受之中，从而对胎宝宝的生长发育产生积极的影响。

想象胎宝宝的形象

在怀孕这幸福而又漫长的280天中，准妈妈和胎宝宝一起享受着人生中最神奇而又紧密的联系，在准妈妈看来，胎宝宝大部分时间都用来睡觉，好像跟活泼可爱还有些距离，其实胎宝宝在妈妈肚子里也有自己的休闲娱乐，准妈妈不妨想象一下。

当胎宝宝醒着的时候，他或她可是一个精力充沛、调皮好动的小宝贝，拥有着令人想象不到的丰富多彩的娱乐生活：到处游走、打哈欠、玩弄脐带、吸手指甚至是啃自己的小脚丫。

准妈妈如果经常想象胎宝宝的形象，可以使心中充满幸福感，对自己和胎宝宝的身心健康都非常有益。因为准妈妈与胎宝宝在心理和生理上有紧密的联系，准妈妈的想象通过意念构成胎教的重要部分，并很有可能转化、渗透到胎儿的身心之中。另外，准妈妈在做构想时，情绪达到最佳状态，能促进良性激素的分泌，使胎儿面部结构、大脑及皮肤发育良好。

首先，准妈妈要以舒服的姿势让整个身体放松下来，自由地深呼吸，想象你的整个身体都是新鲜的。慢慢地呼气，想象着把细胞中的紧张、压力与不快统统吐了出去，这样会进入更放松的状态。然后，想象最令人愉悦和安宁的场景，这种想象能够提高准妈妈的自信心，并最大限度地激发宝宝的潜能，对克服心情烦躁很有效果。

此时闭上眼睛，放轻松，慢慢想象着胎宝宝长大以后的样子。他或她长得像谁？他或她有多么喜欢和你亲昵？他或她的性格是什么样的？你希望他或她将来成为一个什么样的人？当那些想象中的画面一一浮现时，相信准妈妈身上的每一个细胞都会变得兴奋而充满活力。

想象春天带着宝贝去踏青

冬去春来，万物苏醒，大地暖融融的，人们脱去了厚厚的外套，穿着轻便鲜艳的服装，满世界都洋溢着暖暖安逸的气息，妈妈、爸爸和宝贝一起来到美丽的田间，与大自然展开最亲密的接触，宝贝很开心哦，他或她第一次亲自拥抱这么充满活力、生机盎然的大自然。

阵阵春风吹过大地，大地变绿了，吹过大树，树叶轻轻摇动，好像在跳舞，吹过小河，河水在欢腾地歌唱，一家人在谈笑中感受着春风的爱抚，宝贝又跳又叫，兴奋得小脸泛红。

春天气候宜人，空气清新，天空晴朗。太阳已经升高，也更加温暖了。它的万道金光愉快地亲吻着万物，亲吻着妈妈、爸爸和宝贝的面颊，那么温柔，那么亲切，宝贝非常开心地沉醉在阳光的亲吻当中。

天空上，飘动着五颜六色的花朵，使人眼花缭乱？啊，原来是孩子们在放风筝呀。在蓝天白云的照耀下，各种各样的风筝在自由自在地飘舞着，飞升着，多么使人心旷神怡的景象啊！宝贝也激动地加入了放风筝的队伍。

春风里桃花红，杏花白，柳叶青，到处生机勃勃，春风把春意插在了人们的心里，你向宝贝讲解着这样的春天有多么的难能可贵，一年之计在于春，农民伯伯马上就要播种了，农村马上将是一张繁忙的景象，可爱的春天给我们带来了五彩缤纷的世界，带来了无限的愉快和欢乐，带来了希望与祝福！

妈妈、爸爸和宝贝在这次踏青中，都玩得非常开心，尤其是宝贝，满脸的幸福藏都藏不住。最后结束了这一天开心的踏青，妈妈挽着爸爸，爸爸抱着宝贝一起返回温馨的家里。

千万不要小看"心理图像"的神奇力量，这些"心理图像"会给准妈妈带来更多美好的体验，想象着孩子以后的茁壮成长，孕期所遇到的一切困难都变得容易克服。

人在轻松的环境下，学习东西会非常快，胎宝宝也是一样。通过这些美好的想象，准妈妈必然会感到舒适，在这个基础上，只要胎宝宝是醒着的，就可以分享准妈妈所看到和听到的一切。

营养胎教

胎宝宝大脑的发育需要充足的营养,尤其胎宝宝在七个月大时,如人为地对胎宝宝的听觉、视觉、触觉进行刺激,会引起胎宝宝大脑皮层感觉中枢的神经元增长更多的树突,这就需要母体同时供给胎宝宝更多的DHA。

怀孕七月着重补充"脑黄金"

DHA,二十二碳六烯酸,俗称"脑黄金",是一种对人体非常重要的不饱和脂肪酸,DHA对胎宝宝的生长和发育有着非常重要的作用。

促进胎儿大脑发育

DHA是人的大脑发育、成长的重要物质之一,在孕期,DHA能优化胎儿大脑锥体细胞的磷脂的构成成分,DHA有助于促进宝宝的记忆、思维能力。

促进视网膜光感细胞的成熟

DHA对视网膜光感细胞的成熟有重要作用,准妈妈在孕期可通过摄入DHA,然后输送到胎儿大脑和视网膜,使神经细胞成熟度提高。

富含DHA的食物

①海参。海参含有丰富的营养成分,其中DHA就是其中之一。

②配方奶粉。指添加DHA的配方奶粉,但所谓的奶粉添加DHA的含量是极少的。

③鱼类。DHA含量高的鱼类有鲑鱼、鲭鱼、沙丁鱼、竹荚鱼、旗鱼、金枪鱼、黄花鱼、秋刀鱼、鳝鱼、带鱼、花鲫鱼等。

④干果类。如核桃、杏仁、花生、芝麻等。其中所含的α亚麻酸可在人体内转化成DHA。

⑤蛋黄里面含有微量的DHA。

孕期食谱

补充DHA、健脑益智

蛋包番茄

原料 番茄2个，鸡蛋3个，牛奶50毫升，葱15克

调料 黄油30克，盐、食和油各适量

做法 ①将鸡蛋打散，加牛奶、盐搅成糊；番茄洗净切末；葱切末。
②将黄油烧化，下葱末稍炒，加入番茄末炒透，装入碗内。
③鸡蛋牛奶糊煎成圆饼状，将炒好的材料放在蛋饼中央，卷起入油锅煎至两面发黄。
④盛出，装入盘中即可。

★★ 营养功效 ★★

鸡蛋中蛋黄里面含有微量的DHA，可促进胎宝宝大脑发育；西红柿富含大量维生素C和番茄红素，有助于提高准妈妈自身免疫力。

补充DHA、促进大脑发育

松子豌豆炒香干

原料 香干300克，彩椒20克，松仁15克，豌豆120克，蒜末少许

调料 盐3克，鸡粉2克，料酒4毫升，生抽3毫升，水淀粉、食用油各少许

做法 ①将香干洗净切丁；彩椒切小块，豌豆、香干、彩椒分别焯水。
②松仁入油锅炸金黄色，捞出。
③将蒜末入油锅爆香，倒入焯过水的材料，炒匀，加盐、鸡粉、料酒、生抽翻炒。
④倒入水淀粉勾芡，装盘，点缀上松仁即可。

★★ 营养功效 ★★

豌豆具有增强免疫力、健脑益智等功效；松子富含DHA，可为胎宝宝大脑发育提供丰富的营养物质。本品健脑益智功效显著。

★★营养功效★★

海参不仅含有丰富的DHA，可以促进胎宝宝大脑的发育，同时还具有补肾益精、补血润燥等功效。本品可帮助准妈妈滋补身体。

补肾益精、补血润燥、补充DHA

菌菇烩海参

◀原料▶ 水发海参85克，鸡腿菇35克，西蓝花120克，蟹味菇30克，水发香菇40克，彩椒15克，姜片、葱段各少许，高汤120毫升

◀调料▶ 盐2克，白糖少许，料酒、生抽、水淀粉、食用油各适量

◀做法▶ ①将西蓝花焯至断生；用油起锅，爆香姜片、葱段，倒入鸡腿菇、蟹味菇、香菇片。
②加入料酒、高汤、生抽、盐、白糖拌匀，倒入海参，煮至食材熟透。
③加入彩椒丝、水淀粉，炒熟后盛出，用焯熟的西蓝花围边即可。

★★营养功效★★

鳝鱼含有丰富的DHA，对胎儿大脑发育有重要的影响；同时鳝鱼含有的维生素A，可以增进视力，促进皮膜的新陈代谢。

补血补虚、促进发育

大蒜鳝段

◀原料▶ 鳝鱼400克，大蒜150克，葱15克

◀调料▶ 盐2克，酱油、泡椒、胡椒粉、花椒粉、香油、食用油各适量

◀做法▶ ①将鳝鱼处理干净，洗净切段；大蒜去皮，洗净；葱洗净切段。
②锅加油烧热，下大蒜爆香，放净鳝鱼段，加适量的盐和泡椒同炒。
③加水、酱油、花椒粉、葱段、大蒜，烧至鳝段软嫩。
④加香油、胡椒粉调味，待鳝段熟时盛出装入盘中即可。

补充DHA、促进大脑发育

带鱼南瓜汤

◨原料◨ 带鱼270克,南瓜170克,青椒丝、红椒丝、葱丝、蒜末各少许

◨调料◨ 盐、鸡粉各2克,料酒6毫升,生抽4毫升

◨做法◨ ①将南瓜洗净切小块;带鱼肉洗净切小段,备用。砂锅中注水烧开,放入带鱼,淋入少许料酒。
②倒入蒜末、南瓜,用小火续煮约15分钟至熟。
③揭开锅盖,加入盐、鸡粉、生抽,拌匀,放入青椒丝、红椒丝,拌匀。
④撒上葱丝,拌匀,用大火略煮一会儿,关火后盛出煮好的汤料即可。

★★营养功效★★

南瓜具有增强免疫力、健脾、护肝、美白等功效;带鱼富含DHA。本品可为胎宝宝大脑发育补充丰富营养。

补肾养心、降低血压

红烧紫菜豆腐

◨原料◨ 水发紫菜70克,豆腐200克,葱花少许

◨调料◨ 盐3克,白糖3克,生抽4毫升,水淀粉5毫升,香油2毫升,老抽、鸡粉、食用油各适量

◨做法◨ ①将豆腐洗净切小块,锅入水烧开,放入盐、食用油,倒入豆腐块煮1分钟。
②用油起锅,倒入豆腐块,略微翻炒一下,加清水、紫菜、盐、鸡粉、生抽、老抽,翻炒均匀。
③加白糖、水淀粉、香油,炒匀。
④装入盘中,撒上葱花即可。

★★营养功效★★

紫菜具有补肾养心、降低血压、促进人体代谢等多种功效,本品营养丰富,对准妈妈和胎宝宝的健康非常有益。

保护视力、益智健脑

牛奶蛋黄粥

◀原料▶ 水发大米130克，牛奶70毫升，熟蛋黄30克

◀调料▶ 盐适量

◀做法▶ ①将熟蛋黄切碎，备用，砂锅中注水烧开，倒入洗净的大米，搅拌均匀。
②大火烧开后用小火煮约30分钟至大米熟软，揭开锅盖，放入熟蛋黄，倒入备好的牛奶，搅拌均匀。
③加入少许盐，搅匀调味，略煮片刻至食材入味。
④关火后盛出，装入碗中即可。

★★营养功效★★

蛋黄具有保护视力、益智健脑等功效；牛奶中的牛磺酸能提高脑细胞的活性。本品对胎宝宝大脑的发育非常有帮助。

补充DHA、益智健脑、提高免疫力

海参粥

◀原料▶ 海参100克，粳米100克，姜丝少许

◀调料▶ 盐、鸡粉各2克

◀做法▶ ①将海参洗净，切丝，放沸水中略煮片刻，去除腥味。
②捞出余煮好的海参，装盘备用。砂锅中注入适量清水烧热，倒入洗好的粳米，搅拌均匀。
③盖上锅盖，用大火煮开后转小火煮40分钟至粳米熟软，揭盖，加入盐、鸡粉，拌匀。
④倒入海参，放入姜丝，拌匀，续煮10分钟，熟时装入碗中即可。

★★营养功效★★

海参含有丰富的DHA，对胎儿大脑的发育非常有好处，同时本品还有修复和增强人体免疫力的功能。

Part 9

第八个月：妈妈，你要做好准备迎接我

　　胎宝宝已经八个月了，相信准妈妈们一定满怀期待，准备迎接这个充满奇迹的小生命，不过还是得静下心来，耐心等待，将对宝宝的胎教进行到底！

　　孕八月，准妈妈需要一如既往地进行情绪胎教、语言胎教、意念胎教等，并且准爸爸也不能偷懒，对准妈妈要更加精心的呵护，要体贴疼爱妻子。孕八月因为准妈妈容易产生水肿，所以准爸爸要尽量在饮食上安排一些利水消肿的食物，胎宝宝在爸爸妈妈的关爱中成长，一定会成为一个非常快乐的胎宝宝的。

准妈妈和胎宝宝的变化

踏入怀孕八个月,准妈妈会感到很疲劳,身体越来越笨重,行动更加不便,这时要更加注意安全,运动的次数和强度也要稍稍减轻。而此时胎宝宝正在加快生长发育,他或她正在为出生做最后的冲刺!

准妈妈

准妈妈在孕八月会感到很疲劳:休息不好,行动又更加不便,食欲因胃部不适也有所下降,准妈妈正辛苦地等待着宝宝的降临。

此时,准妈妈阴道分泌物增多,排尿次数也增多了。孕八月的准妈妈子宫向前挺得更为明显,子宫底的高度已经上升到25~27厘米,使准妈妈无论是站立还是走路,不得不挺胸昂头,呈现出一副矜持和骄傲的姿态。

当然,随着身体越来越笨重,经常会给准妈妈带来诸多不舒服,比如稍微多走点路,就会感到腰痛和脚跟痛;有时还会出现便秘和烧心感,更有甚者,升到上腹的子宫顶会压着膈肌和胃,准妈妈因胃受到压迫饭量减少,呼吸也会受到影响,甚者有时会觉得胸口上不来气,需要耸肩来协助呼吸。准妈妈夜里偶尔还会因增大的子宫挤住了腹部的大血管突然感觉神志昏迷。

孕八月的准妈妈乳房高高隆起,乳房、腹部以及大腿的皮肤上的一条条淡红色的花纹更为增多,并且,由于激素的作用,乳头周围、下腹、外阴部的颜色日渐加深,有的孕妈妈的耳朵、额头或嘴周围也生出斑点。

胎宝宝

胎宝宝已经八个月了，他或她的体重已达到1300克左右，眼睛时开时闭，现在能够分辨出光亮和黑暗了，甚至能够来回地追随光源，此时如果有光亮透过妈妈子宫壁照射进来，胎儿就会睁开眼睛并把头转向光源，这说明胎儿的视觉发育已相当完善。听觉神经也已经发育完成，有时对声音还会作出相应的反应。

此时胎宝宝已经长出一头的胎发，皮肤的触觉也已发育完全，手指甲在检查中也可以看得很清晰，当然胎宝宝的身体和四肢还会继续长大，最终会长得与头部比例相称。这个时候的胎宝宝的肺和胃肠功能已接近成熟，不知不觉中已经掌握了新的技能，他或她已经具备了呼吸能力，还能分泌消化液，胎宝宝的活动会渐渐增多，因为他或她的肌肉和神经都已经很发达，心脏大体已经发育完全。

给爸爸妈妈的信

亲爱的爸爸妈妈：

我现在已经八个月了，身体的各项指标都很正常，想到再过两个月我就能见到外面的世界，真的好激动、好开心！

现在妈妈很容易劳累，妈妈不仅因为我的快速成长感受着双腿不断增加的压力，同时还要承受着随之而来的负面情绪，我希望妈妈每天都能开开心心的。

爸爸为了妈妈和我的健康也付出了许多心血，每天无时无刻都在用心牵挂着我和妈妈的身体状况，爸爸真棒！帮我好好照顾好妈妈，等我长大了，这些体力活就由我来承担吧！

情绪胎教

进入孕八月,准妈妈的子宫向前挺得更为明显,身体也越来越笨重,经常会给准妈妈带来诸多不便,此时准妈妈很容易因缺乏耐心而导致急躁,准妈妈们需要拿出自己的"独门秘诀"来应对这些心理变化。

心理课本帮助排除负面想法

准妈妈进行胎教的过程中,由于胎宝宝深藏在腹中生活,胎宝宝的每一点每一滴的变化准妈妈不能目睹,也就很难知道自己所做的一切对胎宝宝到底能起到多大的实质性作用。于是,准妈妈做过一段时间胎教以后会逐渐失去耐心,对胎教的热情也不断降低,甚至会有虎头蛇尾、半途而废的准妈妈,这样胎教的效果自然会大打折扣。在日常生活中,信心不足同样是胎教的大敌,凡事总抱有怀疑心理的人,多是那种信心不足的人,准妈妈一定要对自己和宝宝有信心,不要老想着各种不利的事情,要相信自己的胎教对宝宝的成长非常有益,要相信宝宝会平安出生,健康长大。

准妈妈可以选择性地看一些心理辅导书籍,让自己鉴别和避免一些负面情绪,心理书籍可以让准妈妈对自己目前的状态有正确的认知,纠正自己不良的情绪,从而正确面对所遇到的问题及困惑,尽可能地让自己每天开开心心生活,这样不仅对自己、对宝宝甚至对家庭都有非常重要的作用。

胎教的过程也是准妈妈自身性情磨炼、修养提高的过程。胎教是一门"性""命"双修的课程,"命"是指人的活动机体,"性"是指人的品性,即一个人的性格品质、道德修养。胎教提倡准妈妈首先提高自身的修身养性、乐观积极的思维，然后才能对胎儿施以积极的影响。换句话说，胎教的过程，同时也是准妈妈在不断地克服掉自身的缺点和不足的过程。

所以，准妈妈选择性地阅读一些心理调节的课本，实现自己心理活动的科学化和最优化，不仅可以非常好地帮助自身提高修养，提高抵抗负面情绪的能力，同时对于宝宝未来性格的形成也是大有帮助。

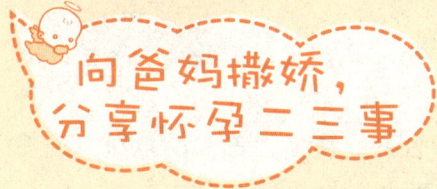

向爸妈撒娇，分享怀孕二三事

怀孕八月，随着身体越来越笨重，行动愈发不便，准妈妈们想干什么都好像被限制了一样，此时心里的委屈和烦躁就像没有突破口的洪水一样，不知道什么时候将会迎来一场大爆发，这样的负面情绪要怎么消除呢？

此时，准妈妈们就应该多与自己的妈妈交流，撒撒娇，讲述一下目前的状态，说出自己的不顺和烦心事。世界上还有什么人能无限包容自己，理解自己呢？妈妈会以她的亲身经历向准妈妈们讲述作为怀孕妈妈的辛苦及宝宝健康成长给家庭带来的幸福。

准妈妈们要知道，作为过来人妈妈有非常好的方法和技巧应付怀孕时候的许多状况，会给予准妈妈们很多有用的忠告和建议。

同时也要多和爸爸聊聊，爸爸一直是准妈妈们最有力的靠山，很多大道理都是爸爸以身作则传授到准妈妈们身上的，也许通过爸爸的讲述和鼓励，准妈妈的内心会更加强大，更能理解丈夫的辛苦和努力，对家庭的和谐非常有利。

准妈妈们需要记住，心里有什么不开心的事情一定要说出来，不要憋在心里，要经常与人沟通，没有一个准妈妈希望自己的孩子将来过得不开心，那么首先就得让自己心情舒畅，掌握一些心理"排毒"的技巧，让自己的怀孕历程充满阳光。

语言胎教

语言是丰富多彩、变幻多端的，而准妈妈们用自己独特的嗓音和音调，就能说出对胎宝宝来说世界上最动听的语言。准妈妈们可不要懈怠，要用最具魅力的语言向胎宝宝描绘这个灿烂多彩的世界。

美文阅读：《江行的晨暮》

美在任何地方，即使是古老的城外，一个轮船码头的上面。

等船，在划子上，在暮秋夜里九点钟的时候，有一点冷的风。天与江，都暗了；不过，仔细地看去，江水还浮着黄色。中间所横着的一条深黑，那是江的南岸。

在众星的点缀里，长庚星闪耀得像一盏较远的电灯。一条水银色的光带晃动在江水之上。看得出一盏红色的渔灯。

岸上的房屋是一排黑的轮廓。

一条夏船在四五丈以外的地点。模糊的电灯，平时令人不快的，在这时候，在这条夏船上，反而，不仅是悦目，简直是美了。在它的光围下面，聚集着一些人形的轮廓。不过，并听不见人声，像这条划子上这样。

忽然间，在前面江心里，有一些黝黯的帆船顺流而下，没有声音，像一些巨大的鸟。

水汽腾上有一尺多高；在这边，它是时隐时显的。在船影之内，它简直是看不见了。

宝宝，妈妈想告诉你：

一个充满魅力、处处洋溢着诗情画意的世界正准备着迎接你，这里色彩斑斓，这里如梦似幻，你一定会非常享受这段充满奇迹的生命之旅。

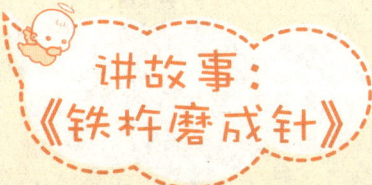

讲故事：《铁杵磨成针》

李白是唐代的大诗人，但是小时候读书并不用功。

有一天，他的书读到一半就不耐烦了："这么厚一本书，什么时候才能读完啊！"于是他干脆不读了，把书一扔就溜出去玩儿。

李白快乐地跑着，忽然，他看见一位老奶奶正在磨刀石上用力地磨着一根铁棒。李白觉得很奇怪，便蹲了下来，愣愣地看了好一阵。老奶奶也不理会他，只是全神贯注地磨着。后来，李白忍不住了，问道：

"奶奶，您这是干什么呢？"

"我在磨一根针来缝衣服。"老奶奶头也不抬，专心地磨。

"磨针？"李白更加奇怪了，"这么粗的一根铁棒怎么能磨成针？！"

老奶奶这才抬起头来说："孩子，铁棒再粗，我天天磨，还怕它磨不成一根针吗！"

李白听了，恍然大悟，"对呀！只要有恒心，再难的事情也能做成功的，读书不也是这样吗！"

于是他便立刻转身跑回家去，拾起扔在地上的书本，专心地读，从此也不再敢偷懒了。后来他终于成了中国历史上一位伟大的诗人。

"铁杵磨成针"这个成语就是比喻只要长期努力不懈，再难的事也能成功的。这个成语也被说成"只要工夫深，铁杵磨成针"。

李白被人们称为"诗仙"，是个很有才华的伟大诗人，但是连这么有才华的人都需要刻苦地学习，那么普通人不就更需要努力了吗？

因此无论我们的才华、天资如何，都应该努力学习；无论要什么事都应该持之以恒，这样才能成功呀！

宝宝，妈妈想告诉你：

妈妈想告诉你坚持的力量，如果你将来树立了一个长远的目标，妈妈希望你不要想着去放弃，而是慢慢地以你的毅力，一步一步向目标走去。

运动胎教

对怀孕八个月的准妈妈来说，运动可以让自己和宝宝更加健康，生产时也会更顺利。但是，此时运动一定要量力而行，注意自己的安全，避免由于运动过量而给身体带来一些不必要的刺激。

孕八月哑铃健身运动

目标肌肉：肱二头肌

目的：提高臂力

动作：右侧卧，将头部放在右臂上，把一块折叠的毛巾放在手臂和头之间，使颈部和脊柱保持在一条直线上，双腿略微弯曲。左手持2～5磅的哑铃，手臂轻微弯曲，掌心向上，手背放在左腿外侧。呼气，慢慢屈肘90度，稍停顿，吸气还原。重复8～12次为一组，如果之前从未参加过孕期运动，从一组开始，逐渐增加至三组。换右臂重复。

注意：抬起哑铃时，保持手腕在中间位置，收腹屈髋。

目标肌肉：肱三头肌

目的：稳定上臂，保持力量

动作：右侧卧，将头部压在右臂上，把一块折叠的毛巾放在手臂和头之间，使颈部和脊柱保持在一条直线上，双腿略微弯曲。左手持哑铃，屈臂置于左耳旁，肘尖向上。呼气，伸直手臂，稍停顿，吸气还原。重复8～12次为一组，如果稍感费力或力不从心，可减少次数，从一组开始，逐渐增加至三组。换右臂重复。

注意：保持自然呼吸，不要憋气。

目标肌肉：三角肌

目的：锻炼三角肌，提高耐力

动作：右侧卧，右手臂伸直，头部轻轻放在右手臂上，将一块干净的毛巾或毯子折叠起来，放在手臂和头之间，颈部和脊柱尽量保持在同一条水平线上，双腿不用绷紧，可略微弯曲。左手持哑铃，手臂轻微弯曲，掌心向下，将哑铃放在左腿外侧。呼气，慢慢将哑铃抬高约45度，稍停顿，吸气，还原。重复8~12次为一组，如果第一次进行这项孕期运动，从一组开始，逐渐增加至三组。换右臂重复。

辅助三角式 缓解腰部疼痛

准备：身体旁边放一个凳

动作：①慢慢吸气，同时双手向身体两侧抬起，抬至于肩膀同高的位置。抬手时双手要绷直，保持在一条直线上，手掌朝下。身体站直，两腿张开齐肩宽，左脚脚跟内旋60度，稳定的用脚跟和小脚趾这侧的外缘压住地面或者垫子。

当两手抬到一条直线上时吸气也要完毕。以这个姿势站立2秒。

②开始呼气，同时左手向下触及身旁的凳子，右手举起指向上空。左手触及凳子时，呼气完毕，头部转向右侧，眼睛要尽力看着右掌。做这个动作时，两手处于同一直线上，目视右手掌2秒，保持稳定呼吸，臀部微微收紧，将尾骨夹住，右大腿从髋关节开始保持外旋，让膝盖可以对准第二个脚趾的方向，可以微微地弯曲膝盖以保护到关节。

③慢慢地收回双腿及双臂，休息大约30秒后，按同样的步骤换一个方向，在第2遍练习的时候用右手触及凳子，左手举向空中。之后的几遍练习，均如此交替进行。

主要功能：帮助增加脊柱横向运动，拉伸腹斜肌，加强脊柱和腿的力量，保持自然呼吸，按摩腹部器官，缓解背部疼痛。

注意：不要勉强自己，如有任何不适，请停止练习。

准爸爸胎教

准爸爸要针对准妈妈的身体变化和情绪变化等尽量多理解关怀,当妻子出现身体疲劳时要尽量给予缓解,当有不良情绪时要及时安慰开导,准爸爸要努力做好准妈妈和胎宝宝的最强守护神!

向胎宝宝描述自己的工作

孕八月,胎宝宝对声音已经有了一定的敏感度和辨识度,准爸爸用轻柔温和的语言向胎宝宝描述自己的工作,向胎宝宝解释自己为什么每天都会早早地出去,讲述自己工作的内容及对工作的态度,这些语言对胎宝宝大脑发育非常有益,很有可能在潜意识中让胎宝宝树立对劳动的热情,树立对责任的态度。当然,准妈妈看到准爸爸为了自己和胎宝宝的健康和快乐而努力着,幸福感会不断加深的。

胎宝宝最喜欢听爸爸的声音。也许是因为男性特有的低沉、宽厚、粗犷的嗓音更适合胎宝宝的听觉功能,胎儿对准爸爸的声音总是表现出积极的反应,这一点是准妈妈无法取代的。

准爸爸在描述自己的工作时尽量语气舒缓,讲述之前最好能和宝宝打声招呼,向胎宝宝讲述自己的工作时,准爸爸和准妈妈不要离得太远,但也不要紧贴腹部,这样会妨碍准爸爸把感情、眼神通过准妈妈的视觉传递给胎宝宝。

要注意用柔和、平缓的语调与胎宝宝交谈,不要一下子就发出很大的声音,以免惊吓胎宝宝。

此项胎教不仅可拉近准爸爸与胎宝宝之间的感情,而且有益于胎宝宝出生后的智力发育和情绪稳定。

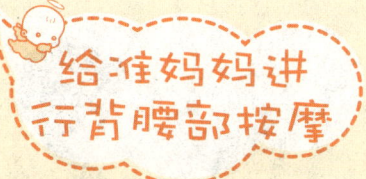

给准妈妈进行背腰部按摩

准妈妈大腹便便，腰部的受力越来越沉重，准爸爸帮助准妈妈进行背腰部按摩，不仅能让准妈妈减轻痛苦，感受到重视与疼爱，胎宝宝也能感受到愉快的心情，日后能成为一个快乐、有责任心的孩子。

准爸爸给准妈妈进行背腰部按摩时的操作要领：体位、手法准确，劲力轻柔，不失深透，上下诱导有序按摩，腰骶部忌重力推按、揉压和扣押。

推背揉肩

准妈妈取坐位，上臂肘稍微弯曲平举，肘臂撑持固定物以稳固躯体。

准爸爸一手扶肩部固定准妈妈身体，另一只手取推法，自两侧肩颈部，分别沿脊侧背肌推揉至两臀骶部，反复推揉，并以筋柔为度。

重复以拇指腹着力于大椎，沿棘上和两侧分别由上至下，逐步揉至骶部。

掌揉背腰

准妈妈取坐位，上臂肘微弯曲平举，肘臂撑持固定物稳固躯体。

准爸爸一手着肩固护准妈妈躯体，另一手掌面着力，分别着力于中枢穴和两侧，由上至骶，反复揉推，以筋肉热透为宜。

提拿夹脊

准妈妈取坐位，准爸爸站立。准爸爸以单手或双手的拇指与四指对合，夹挤脊柱两侧肌肉，自上而下运行。注意保护准妈妈的皮肤，避免抓、掐、拧等，动作尽量连贯而不间断。

擦腰

准妈妈取坐位，准爸爸手搓热，将两手掌面紧贴准妈妈腰部脊柱两旁，直线往返摩擦腰部两侧，一上一下为1遍，连做50遍。

准爸爸给准妈妈进行背腰部按摩，可通经活络、解痉镇痛、缓解准妈妈腰部疼痛、益气安胎。

意念胎教

想象胎教是意念胎教中的一种，每个人都有种意念力，可以运用意念力调适气息、活络通经、加强血液循环。准妈妈同样可以运用这种意念力，将美好的信息传输给胎宝宝。

科学叹气 排出心情毒素

叹气是一种正常的生理现象，"长吁短叹"不仅可以使体内横膈上升，促进肺部排尽浊气，同时能增加肺活量，增加血液中的含氧量，从而促进新陈代谢，加快血液循环，使身体处于松弛状态，使大脑兴奋和抑制状况趋于协调。

科学叹气可以消除情绪上的一些障碍，比如悲伤、痛苦、紧张焦虑以及精神压抑感都能在一声声叹息中向体外排出，从而有益于机体内环境的调节和稳定，使机体脏腑功能得到充分的发挥。

准妈妈先确定一个舒适的姿势坐着，并且有约半个小时的独处时间，首先尽可能地想象着宝宝的意向，比如宝宝小小的身体、精巧的五官等，然后站起来将两手放在腹部上，现在，准妈妈心里存在着宝宝的意象，一面吸气一面往前突出腹部，当吐气的时候，张开嘴巴，发出一声洪亮、悠长的喉音"啊"，重复几次。

当准妈妈感觉和胎宝宝完全契合时，闭上眼睛，开始以鼻子吸气。吸气时往前突出腹部，想象着自己的身体是一个功能强大的氧气机，自己的气息像氧气一样进入胎宝宝的身体。

当吐气时，往后缩回肚子，一面张开嘴巴，发出一声洪亮、悠长

的喉音"啊"，一面想象着自己正拥抱着宝宝，用自己的气息给宝宝构建起最安全的屏障。

科学叹气法让准妈妈通过想象和韵律呼吸，达到排除心中郁闷和与胎宝宝交流的目的，准妈妈经常进行此项练习，还可以为以后生产时的阵痛做好准备，当阵痛发生后，准妈妈能更轻易地借着悠长的喉音叹气来抒发自己的感觉。

想象宝宝未来成为音乐家

每天准妈妈都会对胎宝宝进行音乐胎教，宝宝在妈妈肚子里的时候都已经这么努力地欣赏音乐，有时甚至能够在音乐的旋律中作出一定的反应，这说明宝宝长大以后会成为音乐家吗？胎宝宝此时正带着他或她无限的可能准备降临世界，准妈妈们一定要对宝宝有信心，说不定宝宝感受到妈妈的信息，以后真的能成为一个能带给人快乐的音乐家。

在想象开始前，准妈妈先确定一个舒适的姿势坐着，保证周围安静没有杂音，也可以播放一段柔和的音乐，把手放在腹部上，注意用嘴巴呼吸，吸气和吐气的声音各需约5秒钟。

想象着宝宝在爸爸和妈妈的精心呵护下长大成人，而且他或她非常善良，非常有责任心，从来都不怕吃苦。并且宝宝长大了非常热爱音乐，他或她很努力地使自己成了一位伟大的音乐家，他或她用自己的音乐感动着所有的人，他或她将音乐的魅力传递到每个人的心灵深处，甚至能撞击到人的灵魂，宝宝的音乐同时也安抚着准妈妈，这乐曲神圣、圣洁，每一个心灵深处的杂念都被洗涤得干干净净，音乐也因为宝宝的存在，变得更加高雅。

准妈妈想象宝宝未来成为音乐家，不仅可以增加自信，让心情温暖、愉悦，同时对于宝宝未来的健康成长、良好性格的养成都有非常重要的意义。

营养胎教

准妈妈怀孕进入第八个月，胎宝宝的身体长得特别快，胎宝宝的体重通常也是在这个时期增加的。若准妈妈营养摄入不合理，或者是摄入过多，就会使胎宝宝长得过大，出生时甚至可能会造成难产。所以，一定要合理安排孕八月的饮食。

增加利尿食物的摄入

孕八月的饮食要以量少、丰富、多样为主，一般采用少吃多餐的方式进餐，要适当控制进食的数量，特别是高脂肪的食物，由于脂肪性食物里含胆固醇量较高，过多的胆固醇在血液里沉积，会使血液的黏稠度急剧升高，再加上妊娠毒素的作用，使血压升高，严重的还会出现高血压脑病，如脑出血等。饮食的调味宜清淡些，少吃过咸的食物，每天饮食中的盐量应控制在6克以下，不宜大量饮水。

准妈妈应选体积小、营养价值高的食物，如土豆、红薯，以减轻胃部的胀满感。需要注意的是，妊娠晚期容易出现妊娠高血压综合征，这种病是引起早产和胎儿、婴儿、产妇死亡的重要原因之一。由于其表现主要为水肿、高血压、尿中出现蛋白，所以饮食中要非常注意，一般原则为摄取足够的优质蛋白质、水分和食盐的摄入，多吃植物性油。

孕八月营养重点是应多摄取蛋白质、维生素、微量元素等。准妈妈最好能食多餐，应以优质蛋白质、无机盐、维生素和钙含量丰富的食物为主。这个时期容易水肿，要低盐饮食，可适当摄取有利尿作用的食物。

含钙高的食物：牛奶及奶制品、大豆及豆制品、深绿色蔬菜、骨头汤。

含优质蛋白质食物：动物蛋白质中的蛋、奶、肉、鱼等以及大豆蛋白质。

利尿的食物：冬瓜、黄瓜、丝瓜、苦瓜、红豆、薏仁、番茄、韭菜、白萝卜、石榴、葡萄、橘子、紫苏、西瓜、柠檬等。

孕期食谱

利尿活血、消炎退热、清心明目

香油苦瓜

◆原料◆ 苦瓜250克,香油5毫升

◆调料◆ 盐3克,味精1克

◆做法◆ ①将苦瓜洗净,剖开,挖去内子;再切成粗条。
②将锅置火上,放入适量清水,用大火将水煮沸。将苦瓜条放入沸水中煮至八成熟,捞出沥干,放入盘中。
③待苦瓜晾凉后,加香油、盐、味精拌匀即可。

★★营养功效★★

苦瓜有利尿活血、消炎退热、清心明目的功效。怀孕八个月的准妈妈食用本品,可降低妊娠高血压发生的概率。

利小便、降血糖、降血压

臊子冬瓜

◆原料◆ 冬瓜400克,猪肉50克,榨菜适量

◆调料◆ 酱油、糖、盐、味精、料酒、食用油各适量,大蒜、生姜、香葱各少许,高汤适量

◆做法◆ ①冬瓜洗净,去皮切块,刻十字花刀;猪肉、榨菜、蒜、姜切细末,香葱切花。
②锅中注油烧热,放肉末、榨菜末、姜末、高汤、蒜末炒匀,再加调味料炒好。
③再下入准备好的冬瓜,加高汤烧开后装盘即可。

★★营养功效★★

冬瓜最适合需低钠饮食的高血压、肾病、浮肿病等患者食用。患有妊娠高血压综合征的准妈妈食用本品,可以很好地减轻症状。

降压利尿、促进排毒

蛋黄炒黄瓜

◀原料▶ 黄瓜160克,彩椒12克,咸蛋黄60克,高汤70毫升

◀调料▶ 盐、胡椒粉各少许,鸡粉2克,水淀粉、食用油各适量

◀做法▶ ①将黄瓜洗净切段;彩椒洗净,切菱形片;咸蛋黄切小块。
②用油起锅,倒入黄瓜,撒上彩椒片,炒匀,加高汤、蛋黄,炒匀。
③用小火焖约5分钟,至食材熟透,加入盐、鸡粉、胡椒粉,炒匀调味,用水淀粉勾芡。
④关火后盛出菜肴,装入盘中即可。

★★营养功效★★

黄瓜皮中所含的异槲皮苷有较好的利尿作用,黄瓜含有的膳食纤维,可降低血液中的胆固醇含量,促进肠道中腐败食物的排泄。

降低血压、防治便秘

豆腐皮南瓜卷

◀原料▶ 豆腐皮45克,南瓜200克,紫菜1张,鸡胸肉85克,葱花少许

◀调料▶ 盐、鸡粉各2克,白糖、生抽、料酒、食用油各适量

◀做法▶ ①将南瓜洗净,去皮切片,和洗净的鸡胸肉一起蒸熟,再把鸡胸肉成碎末,南瓜片碾成泥状。
②锅中注油烧热,放入肉末、生抽、料酒、盐、鸡粉、白糖、葱花炒匀,倒入南瓜泥炒匀即成馅料。
③将豆腐皮加馅料摊匀,放上紫菜,压紧,制成南瓜卷,切成小块,装入盘中即可。

★★营养功效★★

南瓜不仅能促进胎儿的脑细胞发育,增强其活力,还可防治妊娠水肿、高血压等孕期并发症,促进血凝及预防产后出血。

补充营养、利尿消肿

芥蓝拌黄豆

◀原料▶ 芥蓝50克,水发黄豆200克,红辣椒圈4克

◀调料▶ 盐2克,醋、香油各适量

◀做法▶ ①将芥蓝用清水洗净,切成碎段备用。
②锅内注水烧开,把芥蓝放入水中焯过捞起沥干;再将黄豆放入水中煮熟捞出。
③把黄豆、芥蓝放入碗中,将盐、醋、香油、红辣椒圈混合调成汁,浇在芥蓝、黄豆上即可。

★★营养功效★★

黄豆中蛋白质的氨基酸组成和动物蛋白质近似,且容易被消化吸收,是准妈妈摄取优质蛋白质的良好食材。

利尿解毒、防治便秘

拔丝红薯

◀原料▶ 新鲜红薯2个,鸡蛋1个,芝麻10克

◀调料▶ 淀粉100克,白糖100克,可可粉、食用油各少许

◀做法▶ ①将红薯切滚刀块;把淀粉、鸡蛋搅拌成糊,加入红薯拌匀。
②锅中放油烧热,将红薯炸熟取出。
③锅中加白糖和少许水,熬成黏稠状至能拉成丝时放入红薯翻炒,加芝麻炒匀出锅,放可可粉即可。

★★营养功效★★

红薯对预防妊娠高血压综合征非常有利。本品中含丰富的钾,有助于人体细胞液和电解质平衡,维持正常血压和心脏功能。

利小便、防治水肿

香煎土豆片

◀原料▶ 土豆150克

◀调料▶ 盐、沙拉酱、食用油各少许

◀做法▶ ①将土豆洗净，去皮，切成厚片，放入碗中，撒盐，加清水，搅匀，浸泡约5分钟。
②煎锅置于火上烧热，注入少许食用油，烧至三四成热。
③放入土豆片，炸干水分，转小火续煎，煎至散出香味，再翻转土豆片，煎至两面呈金黄色。
④关火后取出煎熟的土豆片，摆放在盘中，挤上少许沙拉酱即可。

★★营养功效★★

土豆不仅营养价值高，也是非常好的抗衰老食品，土豆中的维生素、纤维素和泛酸等成分非常有益于准妈妈的身体健康。

清热解毒、利水渗湿、缓解水肿

薏米红薯粥

◀原料▶ 薏米30克，红薯60克，大米100克

◀调料▶ 冰糖20克

◀做法▶ ①将红薯去皮洗净，切丁；薏米洗净，泡发；大米淘洗干净。
②加入红薯丁，拌匀，用小火煮至食材熟透，加入冰糖，继续煮至冰糖溶化即可。
③将泡发的薏米和大米放入锅中，加入适量清水，用中火煮至薏米熟烂即可。

★★营养功效★★

薏米为常用的利水渗湿药，而且还能使皮肤光滑，减少皱纹，消除色素斑点。本品对预防妊娠高血压综合征非常有利。

Part 10

第九个月：非常喜欢这样陪着我的时间

　　预产期越来越近了，准妈妈的内心一定既紧张，又兴奋，很快可以看到这个和自己血脉相连的小家伙了！不过此时准妈妈还是要耐心地做好饮食、胎教等事情。

　　本章根据孕九个月准妈妈和胎宝宝的变化，详细介绍了情绪胎教、语言胎教及运动胎教等，这些胎教对胎宝宝的健康非常有益，此时胎宝宝各个器官已基本发育完成，可以"吸收"更多胎教的精华。

准妈妈和胎宝宝的变化

怀孕的第九个月对有些准妈妈来说或许是最不舒服的一段时期，因为此时子宫位置最高，心脏、肺部都被往上推。而胎宝宝经过九个月的努力生长，内脏器官基本发育成熟，具备了较强的呼吸和吸吮能力。

准妈妈

孕九月，由于孕激素的刺激使口腔变为酸性，准妈妈常会出现牙龈肿大、疼痛、容易流血等口腔问题，有时在牙龈上生成一个或多个硬肿块，触碰一下便流血，也可能会自动流血。患有牙龈炎的准妈妈，由于牙龈疼痛出血，会直接影响食欲，进而影响到胎儿正常的生长发育。此外，牙齿里面的细菌还会通过血液传染给腹中发育的胎宝宝，使其出生后发生口腔疾病的概率增加。所以，准妈妈一定要积极治疗和预防牙龈炎。

另外在这个月，准妈妈的体重还在继续增加，这时准妈妈可能会发现脚、脸、手肿得更厉害了，尤其脚踝部更是肿得老高，即便如此这时也不要过分限制水分的摄入量，因为母体和胎儿都需要大量的水分。

随着胎宝宝逐渐长大，很多准妈妈会觉得腹坠腰酸，骨盆后部肌肉和韧带变得麻木，有一种牵拉式的疼痛，使行动变得更为艰难。大约在分娩前一个月，宫缩就已经开始了。

而且，随着距离预产期越来越近，考虑到自己要经历痛苦的生产过程，准妈妈可能会有些焦虑。要知道，产前焦虑会对胎儿造成直接的影响。

到本月结束时，乳房会分泌很淡的乳汁（初乳），乳头的部分也会出现白点及出乳孔，有时还会浮出如砂般的污垢。那些是堵塞出乳孔的污垢，出乳孔一旦受阻，乳汁就不易流出。所以这个时期，护理乳头的工作就显得非常重要。

胎宝宝

孕9个月，胎宝宝身子已长到46~50厘米，胎重2000~2800克。胎宝宝已经为分娩做好了准备，将身体转为头位，即头朝下的姿势，头部已经进入准妈妈的骨盆。胎宝宝此时身体呈圆形，皮下脂肪较为丰富，皮肤的皱纹、毳毛都相对减少，皮肤呈淡红色，指甲长到指尖部位，此时的胎宝宝已具有婴儿般可爱的容颜及体态，皮肤上细柔的毛也不再脱落。

胎宝宝的手肘、小脚丫和头部可能会清楚地在准妈妈的腹部突现出来，此时胎宝宝的性器官、内脏已发育齐全，呼吸系统、消化系统已近成熟，听力也已充分发育，男宝宝睾丸大多下降至阴囊，女宝宝大阴唇隆起，生殖器官发育完善。

由于胎宝宝已具备吸吮能力，所以即使早产，多半也能正常发育，但仍需借助保温箱。

给爸爸妈妈的信

亲爱的爸爸妈妈：

我现在又胖了一些，体重都已经有2000多克了，相信在爸爸妈妈的照顾下，我出生以后一定会成为一个肉嘟嘟的、很招人喜欢的宝宝。现在我的肾脏已经发育完全了，肝脏也能够开始处理一些废物了，现在的我可是小强人哦！

我知道妈妈现在很容易焦虑，非常担心我出生的那一刻，我很想对妈妈说，一定要开开心心哦，不要去想象那些不好的事情，爸爸也要帮妈妈调节心情哦，妈妈不开心我也会很难过的，所以妈妈一定要多笑笑哦！

情绪胎教

踏入孕九月,准妈妈的情绪胎教变得更为重要,此时准妈妈由于预产期将至,心情很容易不安,此时对于焦虑情绪的调节便是情绪胎教中的重中之重,这个月的准妈妈要尽量放松心情。

登高远望,让心情自由翱翔

进入孕九月,准妈妈的情绪容易表现出非常的不安与恐惧,常常因为宝宝即将出生,对现实生活中的某些事情或将来的某些事情表现得过分担忧,总是无法控制地去想一些不好的事情发生,而且心情焦虑的准妈妈还会变得胆小怕事、自卑多疑,做事思前想后、犹豫不决。

此时的准妈妈一定不要放任自己的心情不管,将自己封闭在焦虑郁闷之中,要想办法调节,登高远望就是一个非常有效的方法,若在楼上居住,可临窗远眺。产生焦虑的原因多半因为准妈妈太过担心宝宝出生时遇到某些状况,而当这些想法出现时,心情就不自觉地绷紧。而当人站在高处时向远处眺望,内心会鼓起强大的勇气面对这个未知的、充满挑战的世界,深呼吸,绷紧的心灵会随着视线的转移自由翱翔,焦虑也在无形中消失了。

当准妈妈感到焦虑不安时,可以登高远望并进行自我心理暗示,看看周围挺拔刚硬的建筑,看看悠闲从容的白云蓝天,看看步履坚定的人群,当准妈妈从各种事物身上都能看到从容、淡定的生活姿态时,此时心情一定会豁达很多,对胎宝宝的健康成长也会非常有益。

下棋，转移注意力

下棋不但是能让人充分专注地智力竞赛，更是有利于身心健康、养心保胎的文体娱乐活动。总而言之，下棋对准妈妈有以下4个好处。

有精神寄托

怀孕九个月休假在家的准妈妈，时间大多充裕，下棋则可成为一种非常有益的娱乐项目。邀上志趣相投的棋友，或邀请下班回家的丈夫一起沉浸在充满智慧的角逐中，不仅可以很好地打发时间，还能转移注意力，缓解产前焦虑的情绪。

可修身养性

只要是准妈妈，都不宜进行激烈的体育活动，往往需要安心静养，或动静结合，以利胎宝宝的成长，而下棋可以让准妈妈心情平静，专注于棋子所走的每一步，在运筹帷幄之中变得更加有自信、有决断力。

能强健大脑

对弈是一种充满乐趣、很有意义的脑力游戏。棋盘之上，虽然只有寥寥数子，却是韵味无穷。两军对垒，是智力的角逐，行兵布阵，是思维的较量。准妈妈适当地下棋，不仅能锻炼自己的思维，还能让胎宝宝感受到动脑的乐趣，有助于胎宝宝以后成长为爱思考、勤动脑的孩子。

可愉悦身心

准妈妈与其将时间浪费在那些无谓的焦虑、烦恼中，不如去研究棋术、琢磨棋艺，在一步步困局解除中，不仅让自己充满成就感和满足感，而且自信心也会得到大大的提高。

总之，当准妈妈心情烦躁、焦虑时，可以下下棋，让自己的心情尽量静下来。但是需要注意，下棋是以调节业余生活、转移焦虑情绪为目的，要求准妈妈不要太过紧张、太过介意输赢，以调情易志、愉悦心情为目的即可，下棋也不宜长时间坐着，避免压迫胎宝宝。

语言胎教

准妈妈在给胎宝宝进行语言胎教时,可以讲一些充满爱的、美好的、积极的故事,在这些纯真的故事世界里,不仅能够很好地刺激宝宝的大脑发育,同时还可以唤起准妈妈的想象力和幸福感。

讲故事:《勇敢的小刺猬》

在森林里这么多的小伙伴中,小猴最瞧不起小刺猬了。小猴总嘲笑小刺猬:满身插着大针,一副胆小怕事的样子。

有一次大伙儿玩捉迷藏,小白兔惊惶地尖叫起来:"蛇!蛇!"

小伙伴们都从藏身的地方跑出来,问蛇在哪儿?不等小白兔回答,那条蛇已经爬到他们跟前了,发出了"嗯嗯"的声音,怪吓人的。

小猴大喊一声"快跑!"第一个转身就跑。小白兔、小松鼠和小鹿跟在后边。蛇拼命朝前追。经过小刺猬跟前,小刺猬一下子咬住了蛇的尾巴,鼓足劲,弓起背,全身的尖刺都竖起来。蛇的身上被刺了无数个小洞,挣扎几下,最后一动也不动了。

小伙伴们都回来了,看到小刺猬把凶恶的大毒蛇给刺死了,大伙儿都夸奖小刺猬:"多亏你救我们!"

小刺猬不但能捉老鼠,还能斗毒蛇,真了不起!

宝宝,妈妈想告诉你:

每个人都有优点,也都饱含着生命本身所赋予的各种局限,妈妈要让宝宝知道,正视自己的不足,多多发挥自己的优势,才能在平凡中做出惊人之举。

讲故事：《嫦娥奔月》

很久以前，天上有十个太阳，晒得大地都冒烟了，海水干枯，老百姓苦得都快活不下去了。

这时候，有个叫后羿的英雄出现了，他一口气射下九个太阳。最后那个太阳一看大势不妙，连忙认罪求饶，后羿才息怒收弓，命令这个太阳好好为老百姓造福。

一个老道人十分钦佩后羿的神力和为人，于是赠他一包长生不老药，这包药吃了可以升天，长生不老哦！后羿舍不得心爱的妻子和乡亲，不愿自己一人升天，就把长生不老药交给嫦娥收藏起来。

后羿有个徒弟叫蓬蒙，是一个坏人，一心想偷吃后羿的长生不老药，好让自己升天成为神仙。

这一年的八月十五，后羿带着徒弟们出门打猎去了。傍晚的时候，找借口没去打猎的蓬蒙闯进后羿妻子嫦娥的住所，逼迫嫦娥交出长生不老药。

嫦娥肯定不愿意给他啊，仓促间就把药全部吞下肚里。马上，她便身轻如燕，飘出窗口，一直飞上云霄。由于嫦娥深爱自己的丈夫，最后她就在离地球最近的月亮上停了下来。

听到消息，后羿心如刀绞，拼命朝月亮追去。可是，他进月亮也进，他退月亮也退，永远也追不上。后羿思念嫦娥，只能望着月亮出神。此时月亮也格外圆、格外亮，就像心爱的妻子在望着自己。

第二年八月十五晚上，嫦娥走出月宫，默默地遥望下界，思念丈夫和乡亲们。她那美丽的面孔，使得月亮也变得格外圆、格外亮。

后羿和乡亲们都在月光下祭月，寄托对嫦娥的思念。从此年年如此，代代相传。由于八月十五正值中秋，就定为中秋节。

宝宝，妈妈想告诉你：

英勇的后羿和善良的嫦娥是一家人，爸爸、妈妈和宝宝也是一家人，以后宝宝出生了，每年我们一家人都会团圆，一起吃月饼，一起中秋赏月。

运动胎教

准妈妈在怀孕九个月可以做一些有助于增强盆骨肌肉的运动，不但能增加盆腔的血液循环，还能使关节更柔韧，分娩时也会更容易。同时，准妈妈也可以做一下手指的护理保健运动，可以健体、健脑。

锻炼腿部运动

孕九月，准妈妈的身体负担进一步加重，做一些适当且合理的运动，不仅能使准妈妈很快地适应这些变化，而且还可以帮助身体为艰难的分娩过程做好准备。由于胎宝宝逐渐长大，部分准妈妈可能会担心双腿无力的感觉，这时可以简单做一些运动，不但可以消除身体不适，还能增强臀、腿力量，有助于顺利分娩。

侧卧抬腿

左侧卧在地毯上，左手撑住头部，右手自然地扶在右腿上。左腿伸直，右腿屈膝，右脚跨过左腿，脚掌落在左膝前方，贴地。

一边呼气，一边将右膝向外打开，保持3秒，然后放下左腿，换腿练习，重复3～5次，注意动作要轻柔缓慢。

左右摆膝

仰卧在床，两腿与床呈45度，双膝并拢。并拢的双膝带动大小腿向左右摆动。摆动时两膝好像在画椭圆形，双肩和脚板要紧贴床面。

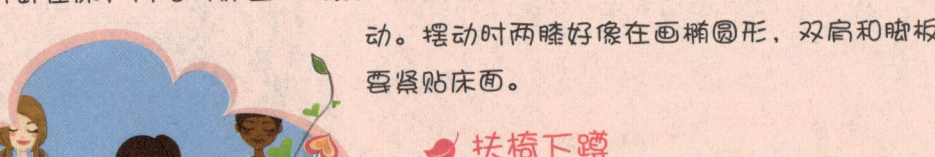

扶椅下蹲

双腿分开两个肩宽，面对一把椅子站好，保持背部挺直，两腿向外分开并且下蹲，同时用手扶着椅子。只要觉得舒服，这种姿势尽量保持得长久一些。

做这些动作之前最好让身体处于最松弛状态，不宜餐后马上做。

准妈妈手指操

手指操简单、方便、易行,尤其适合怀孕九个月的准妈妈。因为手上集中了许多与健康有密切关系的穴位,联系着全身的脏腑,适当地刺激这些经络穴位,可以加强血液循环,使呼吸平稳,有助于保持健康。

准妈妈经常以手指为中心进行各种活动,可以使大脑皮层得到刺激,保持神经系统的青春活力,对胎宝宝的健康成长也非常有益。

护理手指操

用一只手的拇指和食指夹住另一只手的手指,并按摩,从指根到指尖,双手互相揉搓和拉伸各个指关节,掌心向上,另一只手指的大拇指由掌根部向手指方向推压掌心,直到指尖。左手握住右手大拇指转一转再用力向外拉直,每一个手指都要做到。

换手重复同样的动作。此项手指操能锻炼手部关节,健美手形,滋润肌肤,保持光滑和弹性。

健脑手指操

用右手的拇指与左手的食指、右手的食指与左手的拇指交替相触,使两手手指在交替相触中得到运动。

动作熟练后加快速度,再以右手拇指与左手中指,左手拇指与右手中指交替做相触的动作,以此类推直做到小指。可以锻炼运动神经,增强思维活跃性。

防治失眠手指操

睡前,大拇指点击食指尖1次,无名指2次,小指3次,中指4次,然后接小指3次,无名指2次,食指1次,如此动作一共操作16遍。可防治失眠和妊娠高血压。

准爸爸胎教

如果说准妈妈是胎教的主角,那么准爸爸就是胎教中母爱的第一助手。在整个胎教过程中,准爸爸要多跟宝宝沟通,还要加倍关爱妻子,让妻子多体会家庭的温暖,避免妻子产生愤怒、忧伤、焦虑等不良情绪。

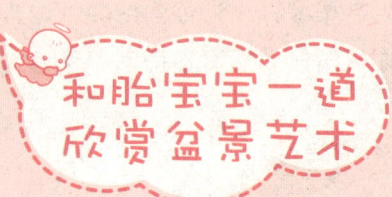

和胎宝宝一道欣赏盆景艺术

盆景艺术是汉族特有的传统艺术,园林艺术的珍品。用盆景塑造形象,具体反映自然景观、社会生活,表现作者思想感情的一种社会意识形态。

盆景艺术,是人类对于大自然的一种依恋,准爸爸欣赏盆景时,用富有趣味的语言告诉胎宝宝这个盆景艺术的流派、风格、进步意义等,将深刻的内涵通过自己温柔的语言,给予胎宝宝美的刺激,让胎宝宝"心领神会"。

盆景这一艺术瑰宝,将文化、艺术、政治、经济及观赏性和娱悦性融为一体,是体现社会文明进步和经济发展的一个重要方面。盆景艺术不仅仅是一门文化艺术,它还包括了植物学、生态学、石料学等多个方面,这就要求准爸爸在讲述之前一定要先掌握好资料,这样才能给胎宝宝和准妈妈更好、更完美地讲述。

盆景以优美的造型和深远的意境再现出名山大川及诗情画意的生活图景。欣赏时准妈妈、准爸爸和胎宝宝都能得到很好的艺术熏陶。

准爸爸给胎宝宝讲述这些盆景的美丽,不仅可以让妻子体会到爸爸的努力,产生幸福感,同时可以很好地刺激胎宝宝大脑细胞的发育。

给妻子讲笑话

进入孕九月,准妈妈随着预产期的来临,容易产生恐惧和焦虑的情绪,因此,特别需要向准爸爸倾诉。这时,准爸爸要用风趣的语言以及幽默的笑话宽慰和开导妻子,这是稳定妻子情绪的良方。准爸爸可以给妻子讲一些积极、有意义的笑话,让准妈妈减轻恐惧、保持愉悦的心情。

🌸 笑话一

一天,著名的福尔摩斯侦探和他的老搭档华生出去野餐,并把他们的帐篷扎在了一片星空之下。到了晚上,福尔摩斯叫醒华生,然后问他:"华生,看到天上的星星,告诉我你能推断出什么。"华生说:"我看见成千上万的星星。如果有些星星有卫星,那么其中必然有些卫星像地球一样;如果有像地球这样的卫星,那么卫星上必然也有生命。"福尔摩斯回答道:"华生你这个白痴,我们的帐篷被人偷了。"

🦋 笑话二

一位美女下夜班,一个男子尾随。女子非常害怕,路过坟地,灵机一动,对坟墓说:"爸爸,我回来了,开门啊。"男子吓得哇哇大叫逃走了。女子正松了一口气,这时从坟墓中传来:"闺女,你又忘了带钥匙啊。"女子吓得也哇哇大叫地逃走了。

这时从坟墓里钻出个盗墓的说:"真是耽误工作!"盗墓的话音刚落,发现旁边有个老头儿正拿着凿子刻墓碑,他觉得好奇,便问他在干吗,老头愤怒地说:"他们把我的名字刻错了。"盗墓的大惧,哇哇叫着狂奔而逃。老头儿冷笑一声:"敢和我抢生意,还嫩点儿!"正说着,一不小心凿子掉在地上,老头儿正要拾,一弯腰,发现凿子握在草丛里的一只手里,老头儿正在吃惊,突然一个声音说:"你找死呀!乱改我家的门牌号!"老头儿吓得屁滚尿流,滚下山坡!这时一拾荒者从草丛爬出:"哎,这年头搞一块废铁也得费这么大的劲儿。"

意念胎教

准妈妈实施意念胎教，不仅可以让自己平心静气、心情宁静，同时能让胎宝宝接收到美好的信息。就好比人眼只能看到很小的一段光谱，但是通过意念想象可以把内心的潜意识调动出来，从而产生更加强大的作用。

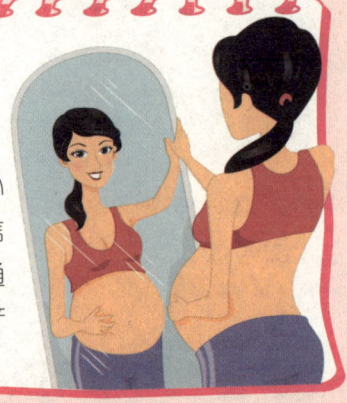

想象绽开的花朵

想象可以让准妈妈放松心情，增加健康与精力，同时通过想象的技巧，也可以让准妈妈预先做阵痛和生产的准备。

阵痛是许多女性所碰过最耗费体能的事情之一，准妈妈通过练习"绽开的花朵"可以使子宫颈在阵痛开始后能更容易地张开，如果经常做这个练习，还可以帮助准妈妈的身体肌肉预习某些真正阵痛时需要的动作。

找一个安静的环境，以一个舒适的姿势坐着，身体放轻松，眼睛微微闭着。想象着自己来到一个美丽的花园，随手拿起了一朵最美丽的花，想象花朵正慢慢地、慢慢地，一次一片花瓣绽开，想象它越开越大，直到完全绽放开来。

然后低头，看着自己的盆骨，想象一朵含苞待放的花就是盆骨，然后想象这朵花和子宫颈的肌肉正慢慢地张开来，慢慢地，一点一点地慢慢舒张，感觉盆骨附近的肌肉微微刺痛。让这个意象徘徊五分钟，直到心灵的眼睛看到花和子宫颈完全张开来。

想象花和子宫颈张开后，继续想象它们合上。准妈妈要提醒自己：宝宝要出生的时刻就快要来了，到时候子宫颈会慢慢地张开，正如花朵在清晨太阳升起时会绽开一样。而当宝宝通过产道后，子宫颈将会合上，就像有些花会随着夕阳西下而合上一样，这是世界上最自然的事情。

摇一摇胎宝宝

准妈妈看到这里说摇一摇胎宝宝，心里肯定会很纳闷！这里说的摇一摇竟然是靠着意念力、靠着想象力执行的。

精确控制的规律呼吸能增加血液吸收的氧气，使整个身体看起来更有效率地运作。因此，利用韵律呼吸，准妈妈的头脑会变得更加清晰，思绪变得更加敏锐，肺部运作得更加轻松，而且营养输送到细胞的速度也更快。

准妈妈先以舒适的姿势坐着，确定有半个小时独处的时间。开始时双手握着，放在距离怀孕腹部上方约15厘米的地方，持续3～5分钟，低头看着腹部，并想象着肚子里的胎宝宝，想象着他或她的小身体，从10根小手指到10根小脚趾，从可爱的脸颊到顽皮的小脚丫，看他或她舒舒服服地蜷曲着身体。想象着胎宝宝精致的五官，看着他或她的嘴巴一张一合的像是想要述说着什么，想象着他或她的眼皮颤动着，正铆足了劲儿试图睁开，想象着宝宝非常惬意地睡着，四周包围着温暖的羊水。

当准妈妈的心灵眼睛深入地看到了宝宝的意象之后，站起身来，将两手放在腹部上。现在准妈妈心里存在着宝宝的意象，一边吸气一边往前突出腹部，然后吐气并缩回腹部。

重复此动作，想象着胎宝宝在这一呼一吸中幸福地吸收着能量，想象着胎宝宝像荡秋千一样享受着这些摇动。

这些动作的重点不在于使准妈妈的呼吸技巧做到完美，而是在强化准妈妈和胎宝宝间的联接，将准妈妈的情绪尽可能地融入腹部摇摆的动作中，融入胎宝宝的感觉之中。

准妈妈做这样的练习，不仅可以让自己得到近乎催眠般宁静的感觉，同时也能感受到与胎宝宝心灵相通的感觉，让准妈妈与胎宝宝之间的感情更加深厚。

营养胎教

孕九月的准妈妈在吃上面要更加讲究了,既不能摄入过多脂肪,导致胎儿体重过大而不利于生产,也不能过度避免脂肪摄入而引起体力下降,导致生产时没有足够的精力,更加不利于生产。此外,孕九月准妈妈很容易发生便秘的现象,所以要尽量吃一些可以防治便秘的食物。

孕九月防止便秘

怀孕第九个月,由于增大的子宫压迫胃部,使得准妈妈的消化功能减退,还很容易发生便秘,所以此时的准妈妈一定要在饮食上注意合理安排。

首先还是要继续少食多餐,因为此时准妈妈的胃部受压,一次吃不了太多的东西,所以可以分开几次吃,每次少吃些。其次,由于平常饮食中总会不知不觉摄取过多的盐分,所以在食物中可以适当地加入一些胡萝卜泥和柠檬汁。

海洋食品为准妈妈助产

本月,当胎宝宝降至盆骨中时,准妈妈胃压迫的感觉会稍稍减轻,食欲也会恢复正常。但是注意不要因为饮食过度而导致肥胖,应维持热量摄入量和消耗的平衡。这个阶段准妈妈要为生产而贮存体力,要多吃一些增强体力的食品,养精蓄锐为分娩做准备。

孕九月,准妈妈可以多吃一些营养丰富的海洋食品。海洋动物食品蛋白质、维生素A和维生素D,与眼睛、皮肤牙齿和骨骼的正常功能关系非常密切,还可以提供丰富的矿物质,如镁、铁、碘等元素,海洋食品还具有低热量高蛋白的特点,对促进准妈妈和胎宝宝的健康有良好的作用。

孕期食谱

★★ 营养功效 ★★

白菜中富含铁、钾等微量元素，维生素A的含量也比较丰富，还含有丰富的粗纤维，有助于排便。本品可有效地防止发生便秘。

帮助消化、润肠通便、促进排毒

蒸白菜

【原料】白菜500克，香菇2朵，虾米、火腿各适量，葱段、姜片各少许

【调料】盐3克，胡椒粉、色拉油各少许

【做法】①将香菇、虾米泡软洗净，白菜洗净，火腿切片，香菇切片。
②将香菇、火腿夹在白菜中间，放入蒸盘，放上虾米，加盐、胡椒粉调匀，淋上色拉油。
③放入蒸锅，加入葱段和姜片，用大火蒸熟即可。
④将蒸盘取出，稍微放凉后即可食用。

★★ 营养功效 ★★

小白菜富含纤维素，能促进肠道蠕动，加速体内排毒，从而促进皮肤细胞代谢。本品可防治便秘，还可控制体重的增长。

促进肠道蠕动、防治便秘

芝麻炒小白菜

【原料】小白菜500克，白芝麻15克，姜丝、红椒丝各10克

【调料】盐3克，食用油少许

【做法】①往锅中放少许白芝麻炒香，盛起装盘。
②将小白菜洗净，把锅置火上，放油烧热，用姜丝炝锅，待姜丝稍卷时再放入小白菜。
③用大火快速翻炒，然后放盐调味，等菜熟的时候把白芝麻放入锅中，再翻炒几下即可出锅。

补充营养、缓解便秘

玉米炒豌豆

◀原料▶ 松子仁、豌豆、玉米粒、鱼肉、胡萝卜各100克

◀调料▶ 盐3克,料酒、淀粉、食用油各适量

◀做法▶ ①鱼肉洗净剁碎,加入料酒、盐、淀粉拌匀腌制一会儿;胡萝卜切丁。
②锅注油烧热,往锅中放入鱼肉,划散,出锅沥油。
③锅留油烧热,加入豌豆、胡萝卜丁、玉米粒同炒。
④再加入鱼肉、松子仁继续翻炒,加盐调味,待菜熟时,盛出装盘即可。

★★营养功效★★

豌豆富含赖氨酸,能促进胎宝宝的发育、增强免疫功能;玉米含有丰富的膳食纤维,可促进排便。本品能防止准妈妈便秘。

补脑健脑、抗衰老、防治便秘

凉拌黄花菜

◀原料▶ 干黄花菜100克,葱3克

◀调料▶ 盐3克,红油3毫升

◀做法▶ ①将干黄花菜放入清水中泡软,仔细清洗后捞出沥干;葱洗净,切花。
②将锅置火上,加水烧沸,下入黄花菜稍焯后装入碗中。
③往黄花菜内加入盐、红油一起拌匀,撒上葱花即可。

★★营养功效★★

黄花菜有较好的健脑、抗衰老功效,其含有的粗纤维可促进大肠蠕动,增加毒素的排出。本品可有效减少准妈妈孕期便秘现象。

滋阴降火、利水消肿、降血糖

芦笋蛤蜊

◤原料◢ 蛤蜊300克，芦笋200克，姜片、胡萝卜丝各少许

◤调料◢ 盐、料酒、白糖、高汤、食用油各适量

◤做法◢ ①将蛤蜊、芦笋处理好，把两者分别焯水捞出。
②锅注油烧热，下入蛤蜊、芦笋、姜片炒香，加适量高汤烧沸，撇去浮沫，加料酒。
③搅拌均匀后，改小火炖5分钟至芦笋熟透。
④撒入盐、白糖，烧煮片刻，待食材熟时盛出，装入汤盆中即可。

★★ 营养功效 ★★

蛤蜊具有滋阴、利水、化痰的功能，可以生津，帮助准妈妈缓解水肿、口渴等不适，是患有糖尿病准妈妈的辅助治疗食物。

抗衰老、美容养颜、补充蛋白质

蒜蓉粉丝蒸扇贝

◤原料◢ 扇贝5个，粉丝10克，蒜10克，葱花5克

◤调料◢ 盐3克，味精3克，生抽8毫升，食用油少许

◤做法◢ ①将蒜剁成蓉，粉丝泡发；扇贝洗净，剖成两半摆入盘中。
②锅注油烧热，下蒜蓉炒香，加盐、味精、生抽炒匀。
③将蒜蓉、粉丝放在扇贝上，入蒸笼蒸7~8分钟。
④待食材熟后取出，撒上葱花即可。

★★ 营养功效 ★★

扇贝含有丰富的维生素E，能抑制皮肤衰老、防止色素沉着。本品营养丰富，且美味开胃，适合准妈妈食用。

★★ 营养功效 ★★

荷兰豆能益脾和胃、生津止渴、治便秘；鲮鱼有益气血、健筋骨、通小便的功效。本品可防治准妈妈便秘。

补充营养、健脾和胃、防治便秘

荷兰豆炒鲮鱼片

原料 荷兰豆150克，鲮鱼200克

调料 盐3克，鸡精2克，食用油少许

做法 ①将荷兰豆择去头、尾筋，用清水洗净。
②把锅置火上，加水烧沸，下入荷兰豆稍焯后装入碗中。
③鲮鱼取肉切成片，下入沸水中煮熟后，捞出。
④锅加油烧热，下入荷兰豆炒熟，加入鲮鱼片、盐、鸡精炒匀即可。

★★ 营养功效 ★★

牛奶营养丰富，还能促进排便；红枣是补铁、补血的佳品。本品可增强体质，防止体虚造成的脾胃虚弱、排便困难。

补铁补血、健胃补虚、缓解便秘

牛奶红枣粥

原料 红枣20枚，粳米100克，牛奶150毫升

调料 红糖适量

做法 ①将粳米、红枣一起用清水洗净，泡发。
②再将泡好的粳米、红枣、牛奶一起入锅煲45分钟。
③待煮成粥后，加入适量红糖，搅拌均匀，继续煮至红糖溶化。
④将粥盛出，装入碗中即可。

Part 11

第十个月：妈妈和我站好最后一班岗

不知不觉，胎宝宝已经十个月了，此时胎宝宝已经在为出生做最后的准备了，准备随时降临到这个世界。而此时准爸爸和准妈妈就要多学一些关于分娩的知识，对分娩先兆有足够的认识，这样才能以平和的心态迎接可能随时到来的生产。

本章根据孕十个月准妈妈和胎宝宝的变化，详细介绍了情绪胎教、语言胎教及运动胎教等。在孕十月，准妈妈和准爸爸要充分准备好，从而更加从容地面对生产！

准妈妈和胎宝宝的变化

如果胎宝宝过了37周,已经算是足月了,这意味着胎宝宝现在已经发育完全,为他或她在子宫外的生活做好了准备。而准妈妈在最后这个月要好好休息,密切注意自己身体的变化,随时做好临产的准备。

准妈妈

在本月,准妈妈的子宫会下降,对胃的压迫减轻,呼吸变得较轻松。这时会有不规则阵痛、浮肿、静脉曲张等感觉,在分娩前更加明显。体重达到高峰期,血液循环量加大,看起来面色潮红。准妈妈这段时期常会尿急或觉得尿不干净。可能会经历演练性收缩:子宫收缩变硬,约30秒后再松弛下来。

此时准妈妈的乳房也在迅速地发展,现在它已经做好了哺乳的一切准备。在准妈妈体内的催乳素的作用下,乳房在生产后的第三天就可以给新生儿喂奶。

准妈妈的盆骨的各个关节也在不断地松弛,这样在生产时骨盆可以拉宽好几厘米,使胎宝宝能顺利地出生,而且准妈妈的阴道纤维也会变长,弹性在逐渐增加,阴道壁也更加柔软,由于这一区域血管的扩张,阴道和外阴会因为充血而略带紫色。同时阴道分泌物也会增加,以便胎宝宝顺利通过。

这时由于准妈妈肚子向前挺出,身体的重心不稳,走路时要特别小心不要跌倒,尤其在上下阶梯时要特别慎重,并且避免过于激烈的动作。

胎宝宝

胎宝宝现在的体重可能达到2.7~3.4千克,长48.3~50.8厘米,胎宝宝的抓握已经很有力,器官也已经完全发育,胎宝宝的肺部和大脑已经足以发挥功能了，而且还会在宝宝的整个童年时期继续发育。

胎盘此时的重量约是500克，一般都附着子宫的底部或侧面，如果附着的位置接近子宫口，就会造成早期出血的现象。胎宝宝的头在准妈妈的骨盆腔内摇摆，周围有骨盆的骨架保护着。

手和脚的肌肉已经发达，骨骼变硬，头发已长至3~4厘米长。此时，胎宝宝身上原来覆盖着的白色胎脂逐渐脱落、消失，皮肤变得很光滑，而这些脱落的物质和其他的分泌物会被胎宝宝随着羊水一起吞进肚子里，贮存在肠道中，变成黑色的胎便，在宝宝出生一两天内就会排出体外。

快要分娩时，宝宝的胎动会逐渐减少，但仍持续活动，因为此时胎儿的头部已经固定在骨盆中，呈现待产的姿势。

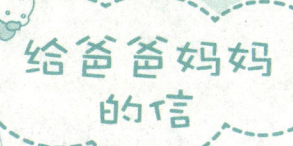

给爸爸妈妈的信

亲爱的爸爸妈妈：

你们不知道现在的我有多么兴奋，这个月我就要出生了，我现在稳妥地在妈妈的子宫里，做着最后的冲刺，我的骨骼已经变硬，器官也已经发育完全，我的身体已经做好了充分的准备，爸爸妈妈准备迎接我吧！

十个月来，爸爸和妈妈给我讲了很多外面的世界，外面的花、外面的树、外面的小草都让我无限向往，还有妈妈给我听的音乐，我想知道它是怎么产生的，那么美妙，让我每天都能甜甜地入睡。爸爸妈妈，我已经做好出生的准备了！

情绪胎教

随着分娩时刻的来临,准妈妈们的心情会变得更加难以控制,此时,不仅需要准爸爸和家人给予更多的呵护和关爱,准妈妈自己也要给予自己积极的暗示,让心情豁达,多微笑,以强大的自信面对产房、面对生产。

心理暗示缓解紧张心情

准妈妈恰当地使用心理暗示可以达到消除紧张、焦虑情绪,建立乐观积极心态的作用。

宝宝即将出生了,可是不知道是比预产期提前、推后还是刚好,准妈妈们会因为各种关于生产的问题产生紧张的情绪,比如"宝宝出生时万一医生突然遇到状况怎么办?""医院突然停电怎么办?"等等一系列让人哭笑不得的问题。此时准妈妈就需要马上用理智控制自己的紧张情绪,并且对自己进行自我暗示:我的身体很健康,怀孕10个月来对饮食和睡眠都非常注意,而且现在医学这么发达,医院里有那么多的医生在,古代没有医院没有医生孩子也照样出生,我的宝宝也会很顺利地出生,将来也会很健康地长大。

准妈妈的这种积极的自我暗示,有利于身心健康。或许每一个准妈妈都听过"分娩乃女性过生死大关"这种说法,但一定要在内心不断地告诉自己,这句话对过去很合适,因为过去卫生条件差,医疗设备落后,导致分娩的死亡率很高。现在不同了,如今分娩,发生意外事故的极少,先进的医疗水平,完善的医疗设备,完全可以保证母子平安。

所以,准妈妈不必紧张,更不必担心。而对于那些有妊娠后期合并症的人,最好提早入院,医生会针对情况,采取必要的医疗措施,以保证安全分娩。

分娩前期，准妈妈一定不可多思多虑，对于有些分娩问题比如"高血压怎么办？""心率过速怎么办？"医生自会处理，对于自己"能否顺利分娩"的问题，更不用多虑，还没有发生的事，想它又有什么意义呢？况且做好了这么充足的准备，难产的概率会降低很多，没必要让还没有发生的事徒然地增添一些精神紧张。

所以，准妈妈应该尽量给予自己积极的心理暗示，让自己保持坦然的心理，平稳的情绪，冷静的头脑，以必胜的信心迎接生产的来临。

看小品让心情放松

准妈妈怀孕时候的心情不仅关系着自己的健康和家庭的和谐，对宝宝未来性格的形成也非常重要。但是，在孕十月，由于预产期的来临，有些准妈妈很难让自己的心情放松下来，总是紧张、焦虑，甚至连一个微笑都难以表露出来。

看喜剧小品对准妈妈来说有很多好处。首先，能让准妈妈保持积极的心态，当我们看喜剧小品的时候，会不自觉地微笑和放松，而此时身体会向我们的大脑传输"一切都会顺利"的信息。

当准妈妈情绪低落的时候，试着去看喜剧小品。这个体验会让心情变好，让自己忘记烦恼和焦虑，从而达到改变心情的目的。看喜剧小品可以让消极、压力和恐惧都离我们远去，准妈妈看喜剧小品可以把那些不利的想法赶出脑外，让自己心情轻松。

其次，看喜剧小品获得的幸福感会传染。心情好的人能把快乐随身携带，心情好点，家人的压力也会稍微减轻，家庭气氛也会变得轻松。看着快乐的妻子，丈夫会更加放心，父母会更加安心，未来的宝宝也会是一个爱笑、乐观的孩子。

所以，准妈妈们，多看看喜剧小品吧，让欢乐的气氛飘荡在整个家庭之中！

语言胎教

准妈妈在怀孕期间给胎宝宝讲故事,可以促进宝宝大脑听觉和语言神经的发育,对未来扩展宝宝思维、提高语言能力都很有帮助,当准妈妈给胎宝宝讲故事的时候,浓浓的母爱会通过意念传达给宝宝。

讲故事:《小熊过桥》

小熊独自去看姥姥,走着走着,到了一条小河边。河上有一座小桥,是竹子搭的。小熊走在上面,桥就左右摇晃不停,很吓人。

天上飞来一只乌鸦在一旁叽讽他:"不好啦,不好啦!大家瞧啊,小熊要掉到河里啦,小熊要掉下河啦!"

小熊本来就害怕,被乌鸦这一吓唬,就更不敢向前走了。他低头看河水,仿佛河水也在笑话他:"小熊,你怎么不勇敢哪?"这可怎么办呢?小熊急了。"妈妈,妈妈,快来呀!"可是,妈妈离这儿远哪,听不见小熊的叫喊。

这时,河里的小鱼儿听见了小熊的喊声。微笑着对小熊说:"别害怕,别害怕,你眼睛往前看,直起腰,迈开步,一二,一二,起步走!"

听了小鱼儿的话,小熊脸上扬起了笑容。他抬起了头,挺起了胸,眼睛向前望,口中还喊着:"一二,一二!"嘿!真过了小桥。

小熊过了桥,高兴地笑着。他回过头来,冲着小鱼直点头:"小鱼儿,谢谢你们,再见!"

宝宝,妈妈想告诉你:

说出鼓励别人的一句话,能让他人有勇气继续前行。小鱼儿身上有一种助人为乐的精神,帮人化解难题,自己也能很开心,妈妈希望你以后也是助人为乐的好孩子。

讲故事：《聪明的小鸭子》

小鸭子回家的路上碰上一只狐狸，这只狐狸正在找东西吃。

狐狸看见小鸭子，口水滴滴答答流了下来，他向小鸭子扑去，两只尖尖的爪子，一下子按住了小鸭子。

小鸭子吓了一跳，他不害怕，不惊慌，望了望村子，想出一个办法来。小鸭子急忙对狐狸说："你想要吃掉我吧？"

"当然啦，我肚子饿得慌呢！"

"我问你——我碰上你就逃不掉了，是不是？"

"是的。"

"那么，你先放开我，我很喜欢你们狐狸叫，让我学一学你们的叫声，你再吃掉我，好吗？"

"反正你是逃不掉的，我倒要看看这件稀奇事。"

狐狸说着，就把小鸭子放开了。小鸭子大声叫了起来："呷，呷，呷！"

狐狸听了摇摇头："这哪是我们狐狸的叫声！这是你们鸭子的叫声。听着，我们狐狸是这样叫的！"

小鸭子说："噢，我会了——呷！呷！呷！"

狐狸说："不对，不对！听我叫。"

正在狐狸张嘴大叫的时候，从村子里窜出一只大猎狗来。原来大猎狗是小鸭子的好朋友。

小鸭子知道大猎狗的耳朵最灵，听见他的叫声，又听见狐狸的叫声，一定会马上来救他。

狐狸呢，最怕大猎狗了，他看见大猎狗扑了过来，吓得丢下小鸭子，没命地逃走了。

小鸭子和大猎狗两个好朋友一起回到了家里。

宝宝，妈妈想告诉你：

妈妈知道以后的你会是一个勇敢、灵敏且不会被危险吓倒的孩子。当然妈妈和爸爸也会一直陪伴在你身边，教会你许多化解危机的办法。

运动胎教

在分娩的过程中，盲目地用力只会消耗体力，同时使胎宝宝受到更大的压力，准妈妈可以做些有效的辅助动作，包括用力、休息、呼吸这三方面的方法，提前掌握这些方法可以让分娩进行得更加顺利。

助产运动盘腿坐

经常练习盘腿能改善腿部、踝部、髋部的柔韧性，使两腿、两髋变得柔软，准妈妈睡前或早起下床前，在床上盘腿打坐数分钟，可以减少并放慢下半身的血液循环，从而增加上半身，特别是胸腔和脑部的血液循环。最重要的是这个姿势可以增加准妈妈背部肌肉的力量，使大腿及盆骨更为灵活，并且能让准妈妈在分娩时两腿能更好地分开，更利于顺利分娩。

盘腿坐的具体做法：

在地上垫上垫子，准妈妈轻轻坐下，保持背部的挺直。

两腿弯曲，使脚掌相对，让脚尽量靠近身体，但是动作不要过大。

两手抓住脚踝，两肘分别向外压迫大腿的内侧，使其伸展。

保持这种坐姿20秒。

收势，取较舒适的坐姿，抚摸并安抚宝宝。

分娩辅助性动作练习

分娩能否顺利进行，很大程度上取决于准妈妈是否懂得用力、休息、呼吸这三方面的分娩方法。在孕晚期分娩前准妈妈除了练习呼吸法，还要练习分娩时的按摩、压迫法及放松练习方法，这些分娩辅助动作可以减轻生产时的痛苦，让宝宝更加顺利地出生。

🌸 胸式呼吸

胸式呼吸同腹式呼吸有着同样的作用，但要注意吸气时，左右胸部要鼓起来，胸骨也向上突出，气吸足够后，胸部下缩，呼出气。

🦋 浅呼吸

像分娩时那样平躺着，嘴唇微微张开，进行吸气和呼气间隔相等的轻而浅的呼吸，此法用于解除腹部紧张。

🍃 短促呼吸

像分娩那样，双手握在一起，集中体力连续做几次短促呼吸，为的是集中腹部力量，使胎儿的头慢慢分娩出来。

🍀 肌肉松弛法

肌肉松弛法可以让准妈妈在分娩时稍稍休息，保存体力，从而让宝宝更加顺利地出生。具体操作是把肘和膝关节用力弯曲，接着伸直放松，这是利用肌肉紧张感的差异进行放松肌肉的练习。

💚 腹部轮式按摩

腹部轮式按摩可以减轻分娩时的痛苦，可在分娩第一阶段子宫收缩越来越频繁的时候与腹式深呼吸同时进行。两手放在腹部中间，吸气时，两手向上做半圆状按摩；呼气时，两手向下做半圆状按摩。

🍓 下腹水平式按摩

下腹水平式按摩可以帮助准妈妈在分娩时缓解一直紧张的下腹，有助于将宝宝排出产道。吸气时，从下腹中央向左右两边进行按摩，呼气时再往回按摩。

🌼 腰部压迫法

准妈妈轻轻坐下，身体前倾，盘腿，两手握拳，两手向腰的上部及背部方向按摩，这个动作可在分娩的第一阶段腰痛开始时使用，可以减轻腰部疼痛。

分娩辅助动作，应当坚持每天抽出部分时间来练习。但是如果被医生认为有早产可能的话，准妈妈就绝对不能练习这种分娩的辅助动作了。

准爸爸胎教

宝宝就要出生了,准爸爸要帮助准妈妈积极备战,但是生产前需要准备什么东西?没有经验的准爸爸妈妈们在迎接新生宝宝的时候,每每手忙脚乱。为了避免各种慌乱,准爸爸在产前应做好充分的准备。

准备好待产包

进入孕十月,准妈妈就要分娩了。为了预防随时可能出现的分娩情况,从第37周起,准爸爸就应该开始购置住院分娩所需要的各种物品,把它们装到一个待产包里,以备不时之需。

❀ 给妻子的

最重要的东西当然是钱或信用卡、身份证,还有妻子迄今为止的怀孕情况记录和体检服药情况记录。

睡衣、宽松的罩衣、产妇帽、拖鞋、袜子,分娩时可以穿的衣服,还有出院时穿的衣服等都是必不可少的;还要为妻子准备一些护理用品,包括塑料盆1个,毛巾2条,梳子、镜子、牙具、洗浴用品、护肤品等个人卫生用品一套,卫生纸2卷,超长卫生巾4包,看护垫1包。还要准备喂奶的全套用品,哺乳胸罩、哺乳垫、乳头霜等。

准妈妈的零食和饮料也不能少,低脂、高碳水化合物的食品更适合产妇。另外,还有产妇束腹带最好也准备一条。

❀ 给宝宝的

首先是宝宝的衣物,包括帽子1顶,浴巾2条,包被1条,还有清洁用品,婴儿护臀膏1支,婴儿专用洗发露、沐浴露各1瓶,婴儿润肤露1瓶,爽身粉1盒,婴儿毛巾4条,婴儿湿巾和纸尿裤各2包,还有奶粉。

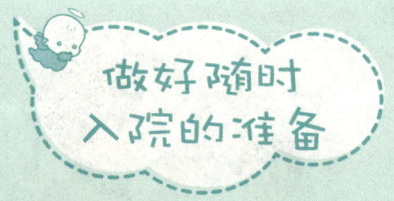

做好随时入院的准备

准爸爸是家里的顶梁柱，在妻子怀孕住院这件事上可千万不能马虎，提前做好充分的准备，才不至于在准妈妈快要分娩时手足无措。因此，准爸爸要做好随时住院的准备。

选择好分娩医院

分娩可是一件大事，从怀孕一开始，准妈妈和准爸爸就开始研究在哪家医院生产的事情了，不管想没想好，现在是到最后决断的时候了。

确定交通工具及路线

确定交通工具及路线也是一个非常重要的产前准备。对于这个问题，可能很多人会觉得有些可笑，觉得这有什么好提及的，实际上，因为准妈妈出现临产征兆的时间不确定，所以提前有个打算，就不至于到时手忙脚乱了。

决定是否陪产

对于准爸爸来说，在这个问题上如果跟妻子存在分歧，要跟妻子充分地沟通，最好还是尊重妻子的意见。

学习缓解产痛的按摩手法

很多妈妈都说产痛是她们经历的最强的疼痛，在医学上，产痛的强度仅排在烧伤痛之后，可见产痛对绝大多数人来说都是一段痛苦的经历。

对于准爸爸来说，此时学习一些可以缓解产痛的按摩手法十分必要，届时在准妈妈为了宝宝的降生而和疼痛"作战"时，就不至于手足无措，感觉自己是个局外人了，还可以用自己的力量为妻子减轻一下疼痛。

以上的这几点都是准爸爸们需要做的事情，准妈妈们怀孕不容易，相信准爸爸们也会体谅准妈妈的，因为目标是一样的，都是希望自己的宝宝能够健康地出生。

意念胎教

准妈妈的"想象之花",不仅能激励起自己强大的精神力量,同时还能让胎宝宝感知到积极、乐观的意念。所以,准妈妈要尽量想象一些美好的事物,给胎宝宝传达更多积极的信息。

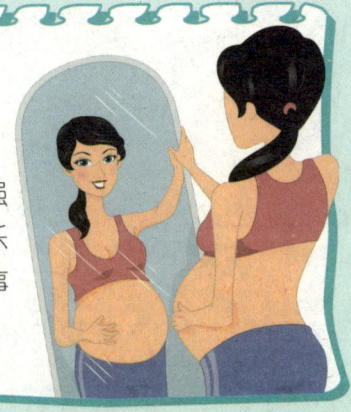

想象宝宝是个小天才

几乎所有的准妈妈都有望子成龙、望女成凤的想法,希望宝宝出生以后是一个有着非凡才能的天才。那么,准妈妈就用自己非凡的想象力,将自己美好的期望和祝福一并传达给宝宝。准妈妈的这种想象不仅能增加与胎宝宝之间的情感联系,而且还能促进胎宝宝的身心发育。

天才,是指拥有一定的天赋,包括卓绝的创造力、想象力、有天然的资质的人,一般认为,智商达到140及以上可以称为天才。天才就是具有卓越想象力、创造力和突出的聪明才智的人。准妈妈可以根据天才的特征,尽情想象宝宝出生以后的样子。

首先宝宝记忆力特别强,能够很快地记住大量的、不同的新事物,记忆力好得把老师和小朋友们都惊呆了;其次,宝宝说话早,宝宝能迅速地掌握大量的词汇,而且发音清晰,他还喜欢刨根问底,总是努力去理解每一个词汇的深层含义,这显示了宝宝是一个具有非凡探索力的小天才。

其次,宝宝阅读早,在很多小朋友都还在咿呀学语时,他已经能够识图认字,会捡起书本自己阅读。

还有,宝宝的思维能力很强,有很强的创新能力和解决问题的能力,复杂的概念也能被他轻松理解,而且还能清清楚楚分析事物间的关系,抽象和归纳的能力也是首屈一

指；当然，宝宝还是一个非常专注的人，宝宝在玩拼图、画画、看书的时候都非常地专心、有耐心，他或她能够长时间地关注一件事情，且做事有头有尾。

准妈妈想象这些是不是很开心呢，相信在准妈妈如此精心、耐心、细心地胎教下，宝宝以后一定会是一个聪明的孩子。

分娩过程预想

随着分娩时刻的来临，准妈妈的心情很容易感到忐忑不安甚至紧张到失眠，这时，准妈妈可以通过意想来缓解紧张的心情，提高自信心。比如准妈妈可以预想一下分娩的过程，这样不仅可以最大限度地克服焦虑，还能激发胎宝宝想象的潜能。

预想分娩过程之前，准妈妈需要做一些愉悦的想象，让自己的身体和心灵都无限地放松。首先，准妈妈摆出一个自己觉得非常舒服的姿势，然后想象最令人愉悦和安定的场景，比如此时正躺在软绵绵的草地上，旁边鲜艳的玫瑰正散发着怡人的芬芳，旁边有一个瀑布，水滴落下的声音听起来非常舒服。

接着，准妈妈在心里祈求平安和顺产，取坐位，放松呼吸，腰部挺直伸展，两腿盘起，然后想象分娩的每一个过程，想象自己在分娩台上，上身蜷起身体被稍微抬起，这个产道角度会更有利于分娩，想象下面的阴道口正在打开，想象自己正从肛门方向使劲给腹部施加压力，想象自己在用力的同时，胎儿正在顺着产道逐渐下降，要尽量想得真切。

准妈妈沉浸在这种美好、顺利的想象之中，心情会得到很好的放松，并且会以其博大的母爱关注着胎宝宝的变化，而胎宝宝也会接收到这些健康的、积极的信息。

分娩过程预想不仅可以帮助准妈妈消除对生产的恐惧，还能提前预习生产的过程，让自己对分娩有清晰的认识，对准妈妈的顺产很有好处。

营养胎教

到了孕十个月,准妈妈便进入了一个收获的季节,这时候,保证足够的营养,不仅可以供应宝宝生长发育的需要,还可以满足自身子宫和乳房增大、血容量增多以及其他内脏器官变化所需求的额外负担。

补充维生素B_1

维生素B_1称为硫胺素,又被称为精神性的维生素,因为维生素B_1对精神状态和神经组织有良好的影响。维生素B_1可以帮助准妈妈维持正常的肠道蠕动和良好的食欲。随着准妈妈摄入的热量增加,维生素B_1的需要量也随之增加。

维生素B_1可以避免产程延长,分娩困难。怀孕的最后一个月里,必须补充各类维生素和足够的铁、钙,尤其以维生素B_1最为重要。如果维生素B_1不足,容易引起准妈妈呕吐、倦怠、体乏,还可影响分娩时子宫收缩,使产程延长,分娩困难。

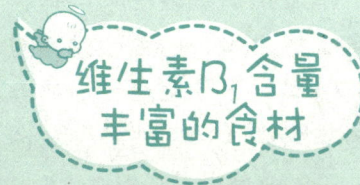

维生素B_1含量丰富的食材

准妈妈想要补充维生素B_1可以从以下食物中获得:米糠、麸皮、麦麸、糙米、全麦粉、各种豆类、标准粉、挂面、小米、糙米、黄玉米、葵花子、花生仁、木耳、猪肝、猪肉、猪心、鸡蛋黄、蜂蜜等食物中维生素B_1含量比较丰富。

准妈妈在孕十月可以多吃一些粗制的大米和小麦,因为大米和小麦的外胚层中维生素B_1含量相对较高,如果多次碾磨就会造成维生素B_1的大量损失。精米中的维生素B_1含量只有糙米中的1/3,因此吃糙米或标准面粉可以补充维生素B_1。

孕期食谱

补肝肾、健脾胃、益气血

干焖香菇

▶**原料**▶水发香菇250克，葱段、姜末、高汤各适量

▶**调料**▶味精、白糖各3克，香油20毫升，盐、食用油、料酒、酱油各适量

▶**做法**▶①将锅置火上，加适量清水，用大火烧开，放入水发香菇焯水，沥干水分。
②锅中注油烧热，将葱段、姜末爆香，加入酱油、白糖、料酒、盐、味精、高汤和香菇翻炒均匀。
③等汤汁收浓后淋入香油炒匀，起锅即可。

★★营养功效★★

香菇能降血压、降胆固醇、降血脂，还可以健脾胃、益智安神、美容颜。准妈妈食用本品，可增强体质，使生产更加顺利。

补肾滋阴、健脾胃

牛柳炒茶树菇

▶**原料**▶牛柳、茶树菇各150克，洋葱、彩椒各50克

▶**调料**▶盐2克，淀粉、黑胡椒粉、酱油、食用油各适量

▶**做法**▶①将牛柳洗净切丝，用淀粉、酱油腌渍；洋葱、彩椒分别用清水洗净，切丝。
②锅中注油烧热，放入牛柳炒至断生，加入茶树菇、洋葱、彩椒翻炒至熟。
③加入盐、黑胡椒粉炒匀调味，装盘即可。

★★营养功效★★

牛柳富含蛋白质；茶树菇具有补肾滋阴、健脾胃的功效。准妈妈常食本品可起到抗衰老、强身健体的作用。

清热解毒、增强免疫力

芙蓉云耳

◀原料▶ 水发黑木耳250克，鸡蛋4个

◀调料▶ 盐、味精、食用油各适量

◀做法▶ ①将鸡蛋取蛋清打散，加入适量食用油，用筷子搅散。
②黑木耳洗净，放入沸水中略焯，捞出沥干备用。
③锅注油烧热，下入黑木耳、鸡蛋清，快速翻炒。
④加入盐、味精，炒匀，盛出装入盘中即可。

★★营养功效★★

鸡蛋清具有清热解毒和增强免疫功能的作用。木耳营养丰富，且含有维生素B_1，准妈妈食用本品可增强体质。

抗氧化、抗衰老、防治贫血

番茄猪肝汤

◀原料▶ 番茄1个，猪肝150克，金针菇50克

◀调料▶ 盐3克，味精3克

◀做法▶ ①将猪肝洗净切片；番茄去皮，切块；金针菇洗净。
②将猪肝放入沸水中氽去血水。
③将锅上火，加适量水、猪肝、金针菇、番茄，用大火煮沸。
④煮熟后，加盐、味精调味，盛出装入汤盆中即可。

★★营养功效★★

猪肝能增强人体的免疫力，抗氧化，防衰老，且猪肝含有维生素B_1，可防止准妈妈呕吐、倦怠、体乏。

补中益气、养血安神

小米红枣粥

- **原料** 小米100克,红枣20枚
- **调料** 蜂蜜40克
- **做法** ①把红枣用清水洗净,去核,切成碎末。
②将小米入清水中泡发、洗净。
③将泡发后的小米倒入锅中,加适量清水,用大火煮开,然后加入切碎的红枣末,续煮片刻。
④关火,盛出,稍凉后加入适量蜂蜜调味即可。

★★ 营养功效 ★★

小米富含维生素B_1、B_{12}等,具有防止消化不良的功效;红枣能使血中含氧量增强、滋养全身细胞。本品可提高准妈妈的免疫力。

增加胃肠蠕动,帮助消化

红薯玉米粥

- **原料** 红薯、玉米、玉米粉、南瓜、豌豆各30克,大米100克
- **调料** 盐2克
- **做法** ①将玉米、大米泡发;红薯、南瓜去皮切块;豌豆洗净。
②把锅置火上,放入备好的大米、玉米,待煮至沸时,放入玉米粉、红薯、南瓜、豌豆。
③改用小火煮至粥成,加入盐后搅拌至入味。
④关火,盛出汤料即可。

★★ 营养功效 ★★

红薯和玉米中所含的维生素B_1比较高,且含有丰富的纤维素。本品可以增加胃肠蠕动,帮助消化,对准妈妈有积极作用。

补充维生素、增强营养

糙米花生粥

◀原料▶ 糙米150克，花生米50克

◀调料▶ 盐少许

◀做法▶ ①将糙米、花生米均洗净，泡发15分钟后，倒入搅拌机中搅碎。
②锅中注水烧热，将磨好的糙米、花生米倒入锅中。
③锅中加入适量清水，用大火煮开后转小火继续熬煮成粥。
④加入盐调味，搅拌均匀，略煮即可盛出。

★★营养功效★★

糙米和花生中均含有丰富的维生素B_1，可以增强营养，本品适合孕十月的准妈妈食用。

补充营养、增强人体免疫力

燕麦豆浆

◀原料▶ 燕麦20克，水发黄豆50克，矿泉水适量

◀做法▶ ①将水发好的黄豆倒入碗中，注入适量清水洗净。
②把燕麦、黄豆倒入豆浆机中，注入适量矿泉水，至水位线即可。
③待豆浆机运转约20分钟，即成豆浆，将豆浆机断电，取下机头。
④煮好的豆浆倒入滤网，滤取豆浆，倒入碗中，用汤匙撇去浮沫，待温度适中即可饮用。

★★营养功效★★

燕麦可为准妈妈补充丰富的营养，其含有谷类食粮中均缺少的皂苷，可增强人体免疫力。本品可补充维生素B_1，对分娩有利。